KB275703

내 직장의 그녀를 탐색하다

내 직장의 그녀를 탐색하다

내 직장의 그녀를 탐색하다

| 정혜전 지음 |

적을 만들지 않는
여자들의
탐나는
조직 활용법

페이퍼스토리

나는 여자를
적으로 보는가?

	Yes	No
1. 주변 여자들을 보면 일하는 데 여자로서 한계가 있다는 생각을 자주 한다.	☐	☐
2. 여자들은 남자들에게 의존하려는 경향이 강한 것 같다.	☐	☐
3. 여자 망신을 시키는 여자들 때문에 불이익을 받는 경우가 종종 있다.	☐	☐
4. 남의 사생활에 시시콜콜 참견하는 여자들을 도무지 이해할 수 없다.	☐	☐
5. 자기 보호 본능이 지나친 여자들은 사회성이 결여된 것처럼 보인다.	☐	☐
6. 공과 사를 구별하지 못하는 여자들이 의외로 많다.	☐	☐
7. 남자보다 여자가 사회생활을 편하게 한다고 여기는 여자들이 있다.	☐	☐
8. 치고 빠지는 타이밍을 못 맞추는 여자들을 보면 답답하다.	☐	☐
9. 성적 매력을 이용하여 사회생활을 하려는 여자들 때문에 본의 아니게 피해를 본다.	☐	☐
10. 집안일을 핑계 삼아 제대로 일하지 않는 여자들이 커리어 우먼의 이미지를 실추시키는 것 같다.	☐	☐
11. 푼수같이 구는 여자들을 보면 같은 여자로서 몹시 창피하다.	☐	☐
12. 눈치가 너무 빠른 것도 사람을 피곤하게 만든다.	☐	☐
13. 잘난 척, 예쁜 척, 있는 척하는 여자들 때문에 어쩔 수 없이 신경전을 벌이게 된다.	☐	☐

Yes   No

14. 편 가르기를 좋아하는 여자들의 성향이 적을 만드는 요인라고 생각한다. ☐ ☐

15. 남자들을 챙겨 주는 것이 사회생활의 철칙인 듯 행동하는 여자들 때문에 힘겨울 때가 많다. ☐ ☐

16. 여자들은 '내가 하면 로맨스, 남이 하면 불륜'이라는 말처럼 자신의 일은 미화하고 다른 사람의 일은 폄하하는 경향이 있다. ☐ ☐

17. 자신보다 낮은 위치에 있다는 이유로 사사건건 가르치려 들며 트집을 잡는 여자들을 보면 극심한 스트레스를 받는다. ☐ ☐

18. 상사를 자신의 편으로 만들어 위력을 과시하려는 여자들 때문에 곤란했던 적이 있다. ☐ ☐

19. 앞에서는 이해하고 감싸 주는 척하며, 돌아서면 180도 달라지는 여자들을 상대하는 일이 버겁다. ☐ ☐

20. 근거 없는 소문을 만들어 내는 여자들과 혹시라도 함께 일하게 될까 두렵다. ☐ ☐

__7개 이하__ : 가까워질 수 없는 여자라고 판명되지 않는다면 굳이 적으로 만들지 않는다.

__8~15개__ : 좋은 여자라는 생각이 들면 관대해지지만, 안 좋은 여자라는 생각이 들면 적의 포위망을 쳐 버린다.

__16개 이상__ : 자신에게 불이익을 주지 않는 여자임에도 적이 될 것이라는 착각에 사로잡혀 있다.

여자에 대한 부정적인 견해가 많을수록 적을 만들어 가고 있다는 뜻이다. '자라 보고 놀란 가슴 솥뚜껑 보고 놀란다'는 말처럼 여자에 대한 선입견으로 스스로 적을 만들고 있는 것은 아닌지 생각해 보자. 주변 여자들이 문제라는 불평만 늘어놓으면 같은 여자를 이해하는 일은 요원해질뿐더러 여자의 적은 여자라는 선입견에서 벗어날 수 없다.

만약 당신에게 적이 없다면,

그것은 행운의 여신이 당신을 잊었다는 징조다.

— T. 풀러

남자들의 지배적인 사회 구조에 대항하여 남녀평등을 외치던 시대가 있었다. 열심히 일해도 진급과 월급의 차등을 피해 갈 수 없었던 여자들은 남자들이 주도하는 사회에서 살아남기 위해 고군분투했다. 특히 남자들과 부대끼며 사회생활을 해야 하는 여자들은 온몸을 던져 독립 투쟁을 벌였던 독립운동가처럼 갖은 노력을 쏟으며 커리어를 쌓았다.

이제 세상은 달라졌다. 여자라고 해서 능력을 인정받지 못하는 일은 이전에 비해 눈에 띄게 줄어들었다. 하지만, 사회생활에서 불합리함을 경험한 여자들은 피해 의식처럼 자리 잡은 자격지심으로 여전히 힘들어하고 있다. 남자는 물론, 같은 여자에게 자격지심을 보이며 자신의 성공을 방해하는 적으로 오인한다.

일본에서 실시한 설문 조사에 따르면 '사회생활을 방해하는 가장 큰 적이 무엇인가?'라는 질문에 여성 응답자의 82퍼센트가 '여자'라고 답했다. '남자'라는 납은 12퍼센트에 불과했다. 같은 여자로서 궁합이 잘 맞을 것 같은데, 의외로 적이 되는 경우가 많다. 서로의 아픔을 보듬어 주며 의지하기보다 자신의 입장에서만 이해를 요구하다 보니, 불필요한 신경전을 벌이게 된다고 할 수 있다.

여자들이 서로에게 총칼을 겨누는 적이 아닌, 버팀목이 되어 사회생활의 고단함을 떨쳐 버릴 수 있었으면 하는 바람에서 이 책을 쓰게 되었다. 나또한 남자들보다 여자들이 많은 조직 속에서 일하느라 힘겨웠던 적이 있었다. 그런데 글을 쓰면서 오히려 내가 주변 여자들을 힘들게 한 것은 아니었는지 되돌아보게 되었다.

쓸데없는 자존심을 지키기 위해 여자들과 적이 된 것은 아닌지 반추하는 기회를 가졌으면 한다. 자신을 제대로 파악해야만 적을 줄이고 편안한 사회생활을 영위해 나갈 수 있다. 주변 여자들이 문제라는 편견에 사로잡히기보다 자신이 여자들의 심기를 건드려 적을 만드는 장본인일 수 있음을 생각하기 바란다.

2013년 9월

정혜전

c o n t e n t s

Part 1. 탐색전

곰 같은 여자 vs. 여우 같은 여자

Part 2. 전반전

말 한마디로 매를 버는 여자 vs. 말 한마디로 점수를 따는 여자

Part 1.
탐색전
곰 같은 여자 vs.
여우 같은 여자

군자가 예절이 없으면 역적이 되고, 소인이 예절이 없으면 도적이 된다.

– 명심보감

"안녕하세요? 좋은 아침!"

얼굴에 환한 웃음꽃을 피우며 꾀꼬리 같은 목소리로 인사를

건네는 여자들이 있다. 누군가에게 인사를 받으면 기분이 좋아

지는 것은 당연한데, 인사를 살갑게 하는 여자가 일까지 잘하면 상사에게 인정받는 것은 두말할 나위가 없다.

반면 누군가 인사하면 마지못해 답례하듯 고개만 까닥하거나, 어정쩡한 미소로 인사를 대신하는 여자들도 있다. 소극적으로 인사를 건네는 모습을 보면 기분이 좋아질 리는 만무하다. 인사를 건네고 싶지 않을 만큼 우울하다든가, 사람들의 시선을 끄는 것이 불편한 성격이라고 해도 말이다.

빛나리 주임은 늘 싹싹하게 먼저 인사할 뿐만 아니라, 능동적으로 일을 처리해 상사들에게 "우리 빛나리 주임이 한다면……" 이라는 전폭적인 신뢰를 받고 있다. 상사에게만 인사를 잘하면 아부성이 강한 여자라는 인상을 주겠지만, 부하 직원에게도 다정하게 먼저 인사를 건네 사무실 분위기까지 좋게 만든다.

무표정 씨는 근무 경력 5년차의 직급을 단 지 얼마 안 된 주임이다. 감정 기복이 심한 탓인지 밝게 웃으며 인사할 때가 있는가 하면, 시선을 떨어뜨린 채 고개만 까딱하고 자리에 앉을 때가 있다. 먼저 인사한다고 해도 상사들에게만 국한된 행동이다. 부하 직원들에게는 절대 먼저 인사하지 않는다. 오히려 "상사를 보면 인사부터 해야지. 사회생활에서 뭘 배운 거야?"라며 야단을 쳐 사무실에 긴장감을 감돌게 한다.

부하 직원들은 '본인이나 잘하지. 인사도 없이 투덜대며 자리에 앉더니만……' 하고 생각하며, 가능한 한 무표정 주임과 마주치지 않으려고 노력한다. 자칫 눈이라도 마주치면 시선을 피하면서 간단한 인사말만 건넬 뿐이다. 괜한 불똥이 떨어지지는 않을까 마음이 조마조마하기 때문이다. 빛나리 주임에게는 "좋은 아침입니다. 주임님, 오늘 스카프 너무 화사해요"라며 화기애애한 인사를 주고받는 것과는 사뭇 대조적인 풍경이다.

윗물이 맑아야 아랫물이 맑다

기분에 따라 인사하며, 부하 직원이 먼저 인사해야 한다고 고집을 피우는 무 주임에게 불쾌한 감정이 드는 것은 당연하다. 그렇다고 해서 무표정 주임을 피하려 든다면 앞으로도 계속 똑같은 상황을 맞이할 수밖에 없다. 먼저 인사하는 게 익숙하지 않아서, 혹은 사람들이 자신을 좋아하지 않는다는 편견에 사로잡혔다면 무표정 주임처럼 행동할 수 있다.

'미운 놈 떡 하나 더 준다'는 말처럼 부하 직원을 리드하는 데 인사가 긍정적인 영향을 끼칠 수 있음을 깨우치도록 도와주는 것만이 무표정 주임과 적이 되지 않는 길이다. '주임님이 먼저 해 보세요'라는 식의 신경전은 자신을 피곤하게 할뿐더러 조직 생활에 적응하지 못하는 미성숙한 사람이라는 부정적인 인상을 심어 줄 수 있다.

모 남자 연예인은 무명 시절 누구를 만나든 큰 소리로 "안녕하십니까?"라고 인사한 덕분에 인기 드라마에 캐스팅 되었다고 한다. 연기할 수 있는 기회가 주어지지 않은 상황에서 기죽지 않고 늘 밝게 인사하는 모습이 PD의 눈에 띄었던 것이다. 드라마를 계기로 대중에게 이름을 알린 그는 결과적으로 바른 인사성 덕분에 자신의 꿈을 이룬 셈이다.

누군가 먼저 인사해 주기를 기다리는 사람보다 자신이 먼저 인사를 건네는 사람이 리더가 된다는 점을 기억하자. 지위 고하를 막론하고 솔선수범하는 모습을 보이는 사람만이 진정한 리더십을 발휘하며, 조직 문화를 이끌어 나간다. 부하 직원에게 먼저 인사하면 체면이 깎인다거나, 상사가 먼저 모범적인 행동을 해야 한다는 생각에 길들어져 있다면 인사 문제로 신경전을 벌이는 일은 계속될 것이다.

시간과 정성을 들이지 않고 얻을 수 있는 결실은 없다.

– 발타자르 그라시안

"김 부장님은 커피에 설탕만 넣으시죠?"

"대표님은 점심 후에 꼭 녹차를 드세요."

"최 이사님은 육식을 즐겨 하시니, 횟집은 피하는 게 좋을 것 같아요.”

　이신부 대리는 상사의 취향을 두루 꿰고 있다. 상사의 사소한 말 한마디도 놓치지 않고 기억 창고에 저장하는 그녀는 부하 직원의 요구 사항은 ‘쇠귀에 경 읽기’ 식으로 상대한다.

　“오늘 회식 메뉴는 광어회!”라는 이 대리의 통보를 받은 서불만 씨는 가시방석에 앉은 기분이다. 생선 알레르기가 심하기 때문이다. 한참을 망설인 끝에 “대리님, 저는 회를 못 먹는다고 지난번에 말씀드렸는데요. 생선 알레르기가 심해서요”라고 조심스럽게 말을 꺼냈다. 메뉴를 바꾸지는 못할지라도 자신의 입장을 헤아려 주지는 않을까 내심 기대하는 마음에서다.

　안타깝게도 서불만 씨에게 돌아온 것은 핀잔이었다. “사회생활을 하면서 어떻게 자기 입맛만 따져? 못 먹는 음식이더라도 분위기를 맞출 줄 알아야지” 하며 정신 교육에 매질하듯 매섭게 돌변하는 것이 이신부 대리의 스타일이다. 그때 “이 대리! 오늘 비도 오는데, 샤브샤브나 전골이 어떨까?”라고 김 부장이 말을 툭 던

지자, 언제 화를 냈냐는 듯 "부장님, 역시 최고! 제가 괜찮은 식당이 있는지 물색해 볼게요"라며 수선을 떤다. 결국 이신부 대리는 상사들에게 '미워할 수 없는 여우', 서불만 씨는 '조직 문화를 어지럽히는 미꾸라지'라는 닉네임이 붙여졌다.

그뿐이 아니다. "박말자 씨. 이번 주 목요일에 부장님 아드님 졸업식이라고 하니, 졸업 선물 준비해야지. 만년필로 하자고!"라는 이 대리의 지시에 "저보다는 대리님께서 직접 고르시는 게 좋지 않을까요?"라며 멋모르고 대꾸했다가 야단이 났다. "프로가 되고 싶으면 날 보고 좀 배워", "상사를 잘 모셔야 사회생활 잘한다는 소리를 듣는 거야" 등의 잔소리를 퍼붓는 통에 박말자 씨는 선물을 사러 갔다 오는 편이 나을 뻔했다는 극심한 후회를 맛봐야 했다.

위기는 곧 기회다

이신부 대리에게 부하 직원의 요구 사항을 귀에 못이 박히게 이야기해 보았자 아무런 소용이 없다. 상사의 일은 무한대로 저장할 수 있는 반면, 부하 직원의 일은 듣자마자 포맷시켜 버리는 기억 창고를 지닌 까닭이다. 따라서 자신의 사정을 들어 주지 않는다고 스트레스를 받기보다 이신부 대리의 관심 영역 안으로 들어가기 위해 노력하는 편이 현명하다. 이 신부 대리보다 직급이 상승되면 상황은 180도 달라져, 기억 창고의 문이 활짝 열리는 감격스러운 장면을 목격하게 될지도 모른다.

상사의 일은 세세하게 기억하면서 부하 직원의 일은 잊어버린다고 억울해하지 말자. 부하 직원도 신경 써 달라고 외칠수록 기억 창고에서 밀어내 버리는 반발 작용이 일어날 것이다. 차라리 이신부 대리가 기억을 저장하지 않을 수 없도록 내 편으로 만드는 것이 최선의 방법이다. 이신부 대리는 자신의 기억 창고가 잘못되었다는 사실을 인정하지 않을 테니 말이다.

주먹을 꽉 쥔 손과는 악수를 할 수 없다.

– 인디라 간디

남자들의 군대 이야기는 두고두고 회자된다. 엄격한 군기 속

에서 눈물 콧물 다 빼야 했던 군 생활이 시간이 지나면서 즐거운

추억거리로 바뀌기라도 하는 것일까? 어쩌면 남자들의 세계에

서는 그럼에도 무사히 끝마쳤다는 자부심을 표현하는 것일지도 모르겠다. 요즘 모 오락 프로그램의 병영 체험 스토리도 인기를 끌고 있지 않은가. 당사자들은 괴롭겠지만, 남자들은 군 시절을 회상하며 웃음을 짓는다.

여자들의 세계는 어떤가. 군 생활은 아닐지라도 여자들만 존재하는 곳에서 여자 선배에게 받은 군기가 추억거리로 회자되는가? 아니다. 그런 이야기는 들어 본 적이 없다. '싸이코', '히스테리'라는 단어를 예로 들며 군기 준 선배를 험담하기 일쑤다. 가슴속에 아로새겨진 상처가 화해의 길을 차단해 버리고 원수의 싹을 틔운다.

왜 그럴까? 어째서 남자와 여자가 다른 반응을 보이는 것일까? 남자에 비해 여자는 경험할 수 있는 시간과 기회가 적어서? 감정에 치우쳐서 상황을 객관적으로 인식하지 못하기 때문에? 이유는 저마다 다르겠으나, 여자 선배의 군기로 극심한 스트레스를 받는 것만은 똑같다.

나 역시 여자 선배들의 군기에 "장난이 아니다"라는 말이 나올 만큼 혹독한 경험을 한 적이 있다. 첫 비행 스케줄을 LA로 받고 미국을 간다는 사실에 거의 뜬눈으로 밤을 새우고 비행기에 올랐다. 그 당시만 해도 미국은 아무나 갈 수 있는 곳이 아니라는 인식이 만연해서 소풍을 떠나기 전날 밤 비가 오지 않게 해 달라고 기도하는 초등학생처럼 설렜다.

뭘 했는지 알 수도 없을 만큼 정신없이 1차 서비스를 마치고 들어가 보니, 선배가 식사를 끝내고 있었다(근무 중에는 교대로 먹어야 한다). 나는 후배로서 예쁘게 보이고 싶은 마음에 선배에게 커피를 타 주었다. 그러자 선배는 심부름을 시키며, 밥 먹을 틈조차 주지 않았다. 결국 밥 한 끼 먹지 못하고 착륙을 맞이할 수밖에 없었다.

배고픔에 지쳐 풀이 죽어 있자, 선배가 "넌 왜 그렇게 활기가 없니? 난 네 나이 때는 비행기 안에서도 날라 다녔는데"라며 면박을 주었다. 나는 기어들어 가는 목소리로 "밥을 한 끼도 못 먹어서 그런가 봐요. 선배님께서 밥 먹으라는 말씀이 없으셔서" 하고 대답했다. 혹시라도 선배가 따뜻한 위로를 건네지는 않을까 기대감이 있었다. 하지만, 선배에게 들은 말은 "힘들겠다. 지금이라도 뭐 좀 먹어"라는 위로가 아니었다. "밥을 꼭 누가 챙겨 줘야 하니? 알아서 눈치껏 먹어야지"라는 호통뿐이었다. 나는 '밥 먹을 틈을 줘야 먹지' 하는 억울함에 눈물이 핑 도는 것을 가까스로 참아야 했다.

감정이 아닌 감성으로 마주하라

감정을 앞세워 군기를 잡는 선배에게 똑같이 감정으로 맞서려고 한다면 자신만 고달파진다. 후배에게 악감정을 품고 있는 선배가 아니라면 정확히 일을 가르쳐 주고자 엄하게 대했을 것이다. 그런 마음도 모르고 선배가 무조건 군기를 잡으려는 심산이라고 오해해서 감정적으로 대처한다면 관계는 악화될 뿐이다. 사람은 상대적이라 선배 역시 감정적으로 예민하게 대응할지도 모른다.

‘피할 수 없으면 즐겨라’는 말이 있듯, 엄하게 군기를 잡는 선배를 좋게 보려고 노력하면 스트레스를 조금은 덜 받게 될 것이다. 감정적으로 날을 세우며, 서로를 괴롭히는 악순환을 피하는 길은 선배로서 깍듯하게 대우해 주는 방법 밖에 없다. 정 안되면 순종하는 척이라도 해서 선배의 목에 댄 깁스를 풀게 만들어야 한다.

무서운 선배와 함께 일하면 눈물 마를 새 없이 힘든 나날의 연속일 것이다. 그렇지만 힘든 만큼 신속하고 정확하게 일을 배우게 된다는 장점도 있다. 적당한 긴장감은 실수를 줄여 주고, 모든 일에 눈치껏 재빠르게 대처하도록 도와주기 때문이다. 이렇듯 단점이 아닌 장점을 바라보고, 감정이 아닌 감성으로 대한다면 군기로 다져진 선후배 관계는 점차 개선될 것이다.

산이 높을수록 골은 낮다.

― T. 풀러

기내에서 군기 센 여자 선배에게 시달리다(기내에서는 착륙하기

전까지 하늘 한번 쳐다보며 기분을 전환시킬 수 없다) 착륙하게 되면 느

긋하게 휴식을 취하겠다고 마음먹는다. 하지만, 까다로운 선배와

같이 방을 써야 한다면 휴식은커녕 스트레스만 배가된다. 선배가 먼저 씻어야 씻을 수 있기에 기다리는 동안(샤워하는 데 몇 시간씩 걸리는 선배도 있었다) 화장도 못 지우고 잠들었다가 게으르고 지저 분하다는 등의 잔소리를 듣는가 하면, 잠귀가 밝으니 조심하라는 선배의 경고에 옴짝달싹 못하고 새우잠을 자는 일도 부지기수다.

심지어 어떤 선배는 마음에 안 드는 후배를 일부러 룸메이트로 정해, 괜한 트집을 잡기도 한다. 선택받은 후배는 서울로 돌아올 때까지 눈칫밥 먹을 생각에 "저는 선배님이 불편해서 다른 선배 와 룸메이트를 하고 싶어요"라는 말이 목구멍까지 치밀어 오르 나, 차마 입 밖에 내지는 못한다. "어디 감히 그런 말을! 안 되겠 다. 넌 앞으로 해외에 나가면 무조건 내가 룸메이트인 줄 알아" 라는 호령과 함께 선배의 그늘 밑에서 일해야 하는 운명을 맞이 할 수도 있기 때문이다.

결국 동기들끼리 빨리 고참이 되어 편하게 일하자며 위로의 말 을 나누는 것으로 설움을 삼키는 수밖에 없다. 도무지 이해하기 힘든 선배들의 블랙리스트를 만들어 흉을 보면서 말이다.

카리스마는 선택, 넓은 포용력은 필수

눈치 볼 선배도 없는 최고참이 되면 후배들에게 군기 팍팍 주며 편하게 일할 줄 알았는데, 그때는 상황이 180도 달라져 있었다. 직원 수도 늘어나고 팀제로 비행을 나가다 보니 편안한 분위기로 업무 환경이 바뀐 것이다. 업무 이외의 간섭이나 히스테리처럼 보이는 군기는 사양하겠다고 서슴없이 말하는 후배까지 생겨났다.

마음에 들지 않는다거나, 밉게 보이는 후배에게 매운맛 좀 보라고 선배 노릇을 해 봤자 이제는 선배만 힘들어질 뿐이다. "우리 때는 안 그랬는데……"라고 푸념해도 바뀐 세상이 내 편이 되어 줄 리는 만무하다. 선배에게 맞대응하는 후배의 하극상을 경험해야 할지도 모른다. 왜 요즘은 시집살이가 아니라 며느리살이한다는 말도 있지 않은가. 시어머니가 찾기 힘드시라고 아파트

이름을 영어로 짓는다는 우스갯소리를 하기도 한다.

업무상 사적인 감정을 배제하고 엄하게 다루더라도 개인적으로는 부드러운 분위기로 후배를 보듬어 주는 것이 자신의 정신 건강을 위해서 낫다. 변화된 상황을 원망하며 후배에게 돌직구식 언행을 하면 선배로서의 위신만 실추된다. 선후배 간의 돈독한 관계를 쌓고, 불필요한 감정 소모를 줄이는 길은 바뀐 현실에 적응해 나가는 방법뿐이다.

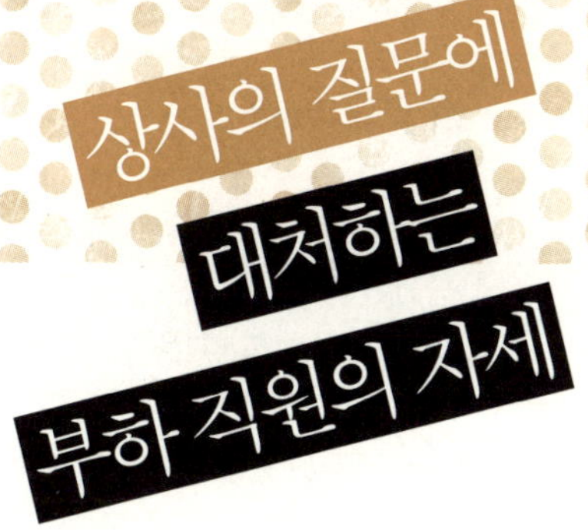

이 세상을 번거롭게 하는 갖가지 불행은 대부분 말에서 일어난다.

– 바아크

"왜 이렇게 안 되지? 혹시 이거 어떻게 해야 하는지 알아?"

"갑자기 생각이 안 나네. 누구 아는 사람?"

백치미 대리는 "기억이 안 나서", "갑자기 되지 않는다" 등의 변명을 앞세워 주변 동료들에게 도움을 청하기 일쑤다. 동료들이 모른 척할 수 없어 도와주면 "내 정신 좀 봐. 깜빡했어", "맞아. 이렇게 하는 거였지?"라며 너스레를 떤다. 자신이 몰라서 물어봤다는 사실은 절대로 인정하는 법이 없다. 그러고는 고마움은 까맣게 잊어버린 채 "서로 도와가며 일해야지. 어떻게 자기 일만 하려고 해?"라며 염장을 지른다.

참다못한 서배려 씨가 "대리님! 지난번에 기획서 작성하는 것도 도와드리고, 파일도 제가 찾아드렸는데요" 하고 말을 꺼내면 "부하 직원이면 당연히 그래야지. 서배려 씨는 윗사람에 대한 예의가 없네"라며 역공세를 펼친다. 결국 부하 직원들은 백 대리가 부르면 못 들은 척 무시하며 시선을 피한다. 상사가 부탁하는 데 거절할 수도 없고, 도와주자니 얄미운 마음이 드는 것이다.

그도 그럴 것이 부하 직원이 질문하면 "이것도 모르면서 사회생활을 하는 거야?", "기본 중의 기본인데, 도대체 입사는 어떻게 한 거야?"라며 면박을 주니, 얄미움은 날이 갈수록 점점 커진다. 오죽하면 부하 직원들 사이에서 최고의 술안주는 백치미 대리라고 할 정도이다.

오른손이 한 일을 왼손이 모르게

백치미 대리에게 말대꾸해 보았자 오히려 자신에게 불리한 쪽으로 상황이 전개될 뿐이다. 차라리 "죄송합니다. 제가 생각이 짧았어요"라고 응수하는 편이 낫다. 까마귀 고기를 먹은 백치미 대리는 부하 직원의 요구를 귀담아 듣지 않을 뿐만 아니라, 자신의 잘못을 절대로 인정하지 않을 테니 말이다.

자신이 모르는 것은 당당히 물어보면서 부하 직원이 물어보면 있는 대로 잘난 체하며 알려 주는 상사와 맞서면 결과는 뻔하다. 확성기보다 큰 목소리로 기본도 모른다면서 무안을 줄 것이다. 부하 직원보다 자신이 우월해야 직성이 풀리는 성격일 가능성이 높기 때문이다.

백치미 대리 같은 상사가 도움을 청하면 싫은 내색 비치지 말고 묵묵히 도와주도록 하자. 도와줄 때는 불평불만 없이, 잘난 체할 때는 바로 칭찬해 주는 게 상사와 적이 되지 않는 길이다. 자만심이 하늘을 찌르는 상사라도 어쨌든 부하 직원이 맞추는 게 조직 생활에서 첫 번째로 지녀야 할 요건이다.

인간은 반항하는 존재다.

– 까뮈

사무실을 재배치하거나 무거운 짐을 운반하는 일이 있을 때 "

이런 건 남자들이 해야죠. 여자들이 무슨 힘이 있어서 들어요"라

며 여자와 남자의 할 일을 구분하는 여당당 대리가 있다. 평소에

는 "지금 여자라고 차별하시는 거예요?", "요즘 시대가 어떤 시대
인데요. 여자라고 무시하면 큰코다쳐요" 하고 쏘아붙이면서, 힘
쓰는 일은 무조건 남자들 몫이라고 부르짖는다.

여 대리의 이중적인 태도를 익히 알고 있는 남자 직원들은 자
청해서 무거운 짐을 나르려고 한다. 괜한 잔소리로 기분을 상하
고 싶지 않기 때문이다. 하지만, 손이 모자라거나 같이 해야 빨리
끝낼 수 있는 경우라면 여자들도 거들어야 한다. 그럴 때 여당당
대리에게 "이것 좀 같이 들어 주세요"라고 도움을 요청하면 "어
머, 어떻게 여자한테 그런 걸 시켜요?", "남자들이 하는 일을 여자
한테 시키는 건 정말 여자에 대한 배려가 없는 거예요"라는 볼멘
소리가 흘러나온다. "손이 모자라서요"라고 변명 아닌 변명을 해
봐도 "남자들이 번쩍 들어 두 번만 왔다 갔다 하면 되겠네요"라
는 부정적 답이 돌아오니, 남자들 입장에서는 기가 찰 노릇이다.

그뿐인가. 자신은 손 하나 까닥하지 않으면서 "한심심 씨, 김
매너 씨가 혼자 고생하는데 뒷짐 지고 구경만 하지 말고 도와줘

요. 그래야 빨리 정리하고 퇴근하지"라며 부하 여직원에게 할 일을 떠넘긴다. 어느 누가 봐도 튼튼한 체력을 가지고 있고, 회식 자리에서 "원샷"을 외치며 남자들을 쓰러뜨리는 여 대리가 "여자들이 이런 걸 어떻게 해요?" 하며 나몰라라식으로 나오니, 같은 여자가 봐도 얄미움의 극치를 달린다고 생각할 수밖에 없다.

무조건적으로 강요하기보다 팀워크의 중요성을 일깨울 것

얄미운 여당당 대리에게 "술 마실 때는 체력이 넘치시는 분이 왜 그러세요?", "평소엔 남녀평등을 외치면서 너무하는 거 아닙니까?"라고 불평해도 상황은 달라지지 않는다. 부하 직원에게 강압적인 지시를 내릴 때도 마찬가지다. "여 대리님도 좀 거드세요"라고 요구해 봤자 "그래, 같이 하자"라는 답은 절대 들을 수 없다. "아까 난 하나 옮겼다고. 말대꾸할 동안 벌써 옮겼겠다", "지금 나한테 말대꾸하는 거야?" 하며 되레 큰소리칠 게 뻔하다. 어쩌면 자신에게 감정적으로 대응한 부하 직원에게 선배살이가 무엇인지 톡톡히 보여 주려고 할지도 모른다.

여당당 대리에겐 "대리님, 손이 모자라는데 가벼운 것만 저쪽으로 옮겨 주세요", "대리님이 같이 들어 주시면 힘이 불쑥 나올 것 같아요"라며 애교 모드로 가는 편이 좋다. 고압적인 태도를 취하는 여 대리를 변화시키기에는 정공법보다는 우회적인 표현이 훨씬 효과적이다. 마지못해 거들지라도 "역시 여당당 대리님은 멋진 여성!"이라고 칭찬까지 덧붙이면, 나중에 똑같은 일이 일어났을 때 흔쾌히 도와주려고 할 것이다.

남녀의 신체적 조건이 다른 탓에 여자가 하기에 힘든 일도 분명 있다. 그렇다고 시도해 보지도 않고 못 한다고 포기하는 어리석은 행동을 보여서는 안 된다. 조직은 유기적인 관계로, 남녀 구성원 간에 소통이 원활해야 하기 때문이다. 육체적인 일은 무조건 남자들 몫이라고 부르짖으며 남녀평등을 주장하는 것은 조직 생활에 도움은커녕 방해만 된다는 사실, 명심하기 바란다.

인간의 행실은 각자가 자기의 이미지를 보여 주는 거울이다.

– 괴테

"김희회 부장님은 늘 같은 얘기를 되풀이해 사람 진을 뺀다

니까요."

"부장님은 기억력이 나쁘신가 봐요. 어제 한 말도 잊어버리시

는 걸 보면."

"상사면 부하 직원의 실수도 감싸 줘야 하는 거 아닌가요?"

여자 상사와 싸움이라도 하려는 듯 들이대는 나편애 대리가 있다. 언뜻 보면 부하 직원의 권위를 위해 앞장서는 잔 다르크 같지만, 자신의 눈에 만만해 보이거나 경쟁 상대라고 생각되는 여자 상사에게는 위아래도 없이 덤빈다. 남자 상사에게는 더없이 친절하고 살갑게 대하면서 말이다. "박유유 부장님은 남녀를 평등하게 대해 주셔서 정말 좋아요", "김 차장님 같은 분과 일한다는 게 얼마나 행운인지 몰라요" 등 남자 상사에게는 코맹맹이 소리로 나긋나긋하게 말해 동료들의 질시를 한 몸에 받는다.

여자 상사인 김희희 부장 입장에서는 그런 나편애 대리와 일하는 게 여간 곤혹스러운 게 아니다. 상사로서의 대우를 왜 안 해 주냐고 싸우자니 모양새가 안 좋고, 그렇다고 무조건 받아 주기에는 자존심이 상하는 것이다. 다른 부서로 옮기려고 해도 조직이라는 게 자신의 뜻대로 돌아가지는 않으니, 서로 속 시원히 털어놓지 않는 이상 참고 지켜보는 수밖에 도리가 없다.

나편애 대리와의 관계를 어떻게 풀지 한참을 고심하던 김희희 부장은 회식 자리에서 조심스럽게 말을 꺼냈다. "나 대리! 혹시 나한테 뭐 안 좋은 감정 있어? 내가 자네에게 나쁘게 한 게 있나? 있다면 오늘 다 풀도록 하지" 하며 상사로서 먼저 다가갔다. 그런데 둘이 있으면 마구 들이대던 나편애 대리가 옆에 남자 상사가 보이자 갑자기 눈물을 글썽이는 것이 아닌가. "부장님은 왜 저한테만 그러세요. 전 부장님을 존경하는데, 저의 어떤 점이 마음에 안 드시는 건지 모르겠어요"라며 울먹이는 바람에 동석했던 남자 상사들에게 김희희 부장만 부하 직원에게 술주정하는 상사가 되고 말았다.

그날 이후로 김희희 부장은 마치 자신이 도살장에 끌려온 소가 된 기분이었다. 주변 사람들과 어울리지 않고 조용히 제 할 일만 하다 보니 신경성 위염까지 걸려 약을 달고 살아야 했다. 그렇게 반년이 지났을 무렵, 나편애 대리가 더 좋은 곳으로 간다며 퇴사하자 김희희 부장은 그제야 도살장이 직장으로 바뀌고, 신경성 위염도 말끔히 나았다.

인간관계를 관통하는 무언의 기류를 파악하라

김희희 부장이 아무런 사심 없이 나편애 대리를 잘 대해 주었다고는 하지만, 조직 생활을 하다 보면 미처 감지하지 못하는 기류가 흐르기 마련이다. 상사를 우습게 안다고 오해하여 나편애 대리에게 상처 주는 언행을 했을 수도 있다. 만약 그랬다면 나편애 대리가 김희희 부장을 좋게 대할 리는 만무하다. '가는 말이 고와야 오는 말이 곱다'는 말처럼 사람은 상대적으로 행동하기 때문이다.

'밉다, 밉다' 하면 밥 먹는 것도 미워 보인다. 삐딱선을 타는 부하 직원을 미워하면 할수록 상사가 감당해야 할 후폭풍만 거세질 뿐이다. 따라서 주변 동료들, 특히 남자 상사의 편을 확보해 자신의 영역을 확고히 하려 드는 나편애 대리 같은 여자에게는 감정적으로 대하지 않는 게 현명하다. 감정적으로 상대하면 하극상은 날이 갈수록 심해져 스트레스만 가중되는 역효과를 낳는다.

또한, 김희희 부장도 나편애 대리와 마찬가지로 자신을 이해해 주는 동료를 곁에 두는 게 좋다. 자신에게 살갑게 대하는 동료의 마음을 저버리기란 힘들뿐더러 수다를 통해 공감대가 형성되면 스트레스 해소에도 그만이다.

김희희 부장처럼 조직 생활에서 혼자 외롭게 싸우고 있는가? 그렇다면 인간관계부터 재정비해 보는 것이 어떨까? 지금 당장 주변 동료들을 둘러보자.

야근한다면서 저녁 먹고 30분 만에 퇴근?

건전한 충고를 적절하게 하려면 위대한 사람이 되어야 한다. 그러나 그 충고를 우아하게 받아들이려면 더 위대한 사람이 되어야 한다.

— 맥코레이

양미라 씨는 퇴근 시간이 가까워져 오면 "오늘은 야근해야 해", "저녁은 먹고 들어갈 것 같아. 야근이거든" 하며 친구들과 전화

통화를 한다. 그러고는 "박 과장님, 오늘 야근하시죠? 이 대리님은요? 저녁 배달시키려고요"라며 인원수를 세기 시작한다. 누군가 "7시 넘어서 시키지. 밥부터 먹으면 졸음이 쏟아져서 일하기 힘들어지는데"라고 툴툴거리면, "일하는 중간에 먹으면 맥이 끊기잖아요. 저녁 먼저 먹고 일에 전념하시는 게 낫지 않을까요? 제가 커피 타 드릴게요" 하며 세심하게 챙긴다.

저녁 먹고 20분쯤 지났을까. 갑자기 양미라 씨가 "과장님. 엄마가 편찮으시다고 연락이 와서요. 얼른 집에 들어가 봐야 할 것 같아요"라며 근심스러운 표정으로 말문을 연다. 엄마가 편찮으시다는 소리에 놀란 박 과장은 "그래. 빨리 가 봐" 하며 양미라 씨를 퇴근시킨다. 그 상황에 야근하라고 매정하게 말할 수는 없지 않은가.

사실 박 과장은 어차피 양미라 씨가 야근하지 않으리라는 것을 예상하고 있었다. 야근할 때마다 매번 커피까지 다 마시고는 "과장님, 저 몸살이 오려나 봐요. 으슬으슬 춥고, 머리가 아파요. 먼저 들어가 보면 안 될까요?", "갑자기 시골에서 할머니가 올라

오신대요. 제가 터미널로 마중을 나가야 할 것 같은데……" 등

의 핑계를 대며 퇴근했기 때문이다. 그런 양미라 씨의 스타일을

알기에 박 과장은 "오늘은 야근할 수 있어? 양미라 씨는 그냥 자

료만 정리하고 퇴근하지"라며 칼퇴근을 권한다. 핑계 댈 만한 일

이 없으면 휴대폰을 만지작거리고 화장실을 들락날락하며 다른

직원들을 방해하니, 차라리 양미라 씨를 퇴근시키는 편이 낫다.

양치기 소년의 거짓말로 들릴 뿐

양미라 씨는 혼자만 먼저 퇴근하는 게 민망해서 야근한다고

말했을 수도 있다. 하지만, 저녁을 먹은 지 30분도 되지 않아 온

갖 핑계거리를 대며 퇴근하려는 모습은 눈살을 찌푸리게 만든

다. 한두 번은 무사히 넘어갔다고 하더라도 사회생활에 잔뼈가

굵은 상사라면 양미라 씨의 핑계가 거짓말임을 단번에 알아차릴

게 분명하다. 괘씸하게 생각해서 "밥만 먹고 가지 말고, 일도 좀

하지"라며 퇴근하지 못하도록 붙잡을지도 모를 일이다. 정말 중요한 일이 생겨서 부득이하게 야근하지 못할 경우에도 말이다.

야근할 마음이 없다면 늦게까지 남아 일하는 동료들의 기분을 상하게 하지 말아야 한다. 야근한다고 큰소리쳐 놓고 매번 미꾸라지처럼 빠져나간다면, '잔머리의 여왕', '불신의 여왕'이라는 꼬리표가 붙을 것이다. 더욱이 밥값을 아끼는 것도 모자라 야근 수당까지 챙긴다면 미운털이 박히는 것은 시간문제이다. "양미라 씨가 원래 얄미운 구석이 있어", "양미라씨는 잔머리를 잘 쓴다니까" 하며 험담할 수도 있다.

만일 조직 내에 야근한다면서 저녁만 먹고 가는 양미라 씨 같은 부하 직원이 있다면 "저녁은 7시 30분쯤에 먹고, 9시까지 보고서를 마무리 짓도록 하지"라고 처음부터 분명히 이야기해 보자. 울며 겨자 먹기 식으로 9시까지는 남아서 일하게 될 것이다. 속인다고 탓하지만 말고 속이지 못하게 만드는 것이 진정한 리더십 아닐까.

여성스러움을 싫어하는 취향의 문제일 뿐

내 직장의

그녀를

탐색하다

순간을 지배하는 사람이 인생을 지배한다.

– 에센바흐

여자다운 모습을 보이면 남자들이 깔본다는 가치관을 확립했

는지 옷 입는 것에서부터 행동하는 것까지 남성적인 모습을 연

출하는 남성미 대리가 있다. 여성스럽게 웃거나 말하는 여직원

들을 보면 "왜 예쁜 척하고 그래? 안 어울리게"라며 돌직구를 날리는 게 남 대리의 주특기다. 몇 년을 함께 일한 동료들은 남 대리의 독특한 스타일을 알기에 대수롭지 않게 넘어가지만, 이제 갓 입사한 신입 여직원들은 상사의 살벌한 말투에 가시방석에 앉아 있는 기분이다. 혹시라도 여자답다는 얘기를 들으면 어쩌나 행동거지 하나하나가 조심스럽다.

그뿐이 아니다. 남성미 대리가 치마를 입는다거나, 화장한 모습을 단 한 번도 본 적이 없는 김 부장이 "남 대리도 남자 친구에게 애교를 피우나?", "남자 친구가 오히려 더 여성스러운 거 아니야?" 등의 농담이라도 던지면 "왜 부하 직원의 사생활까지 참견하시는 거죠?"라며 정색하니, 얼어붙은 분위기에 옆에 있던 사람들은 어찌할 바를 모른다. 너무 정색해서 같은 여자를 좋아하는 성향은 아닌지 오해까지 할 정도이다.

개인의 취향을 존중해 주는 여유가 필요하다

남자 동료에게 우습게 보이면 불이익을 당한다는 편견에 사로 잡혔다거나, 남성스러운 성격을 타고났다면 남성미 대리처럼 행동할 수 있다. 문제는 자신의 취향을 다른 사람에게 강요한다는 점이다. 자신의 취향은 존중받기를 원하면서 타인의 취향은 묵살하는 태도는 스스로를 고립시키는 부작용만 낳을 뿐이다. 생각해 보라. "코맹맹이 소리는 남자 친구한테나 하지?", "직장에 패션쇼를 하려고 오는 거야?"라는 말들로 동료 여직원에게 상처를 주면 결과는 어떻겠는가? 아마 남성미 대리 근처에는 얼씬도 하지 않으려고 들 것이다.

남성미 대리처럼 여성스러운 성격을 극도로 싫어하는 여자에게는 "여자가 여자다울 때도 있어야 하는 거 아닐까요?", "남성스러운 본인의 성격이 마음에 드세요?"라는 말들로 괜한 화를 돋우지 않도록 해야 한다. "나도 여성스럽게 보이고 싶어", "여성스럽게 행동하는 여자들을 보면 좀 어색해서 그래" 하는 수긍은 아마 듣기 힘들 것이다. "여성스럽지도 않으면서 척하는 여자들 때문에 남녀평등이 안 되는 거야", "여자다워 보이고 싶은 게 소원이면, 직업을 바꾸지 그래?"라는 심한 말이 쏟아져 나오지 않으면 다행이다.

서로에게 상처를 안겨 주는 말들을 주고받으면 상황은 결코 해결되지 않는다. 방법은 단 하나, 각자의 개성과 스타일을 존중하는 여유로운 태도를 갖는 것뿐이다. 사람마다 생김새가 다르듯, 성격과 스타일도 다를 수 있음을 인정하려는 노력만이 남성미 대리 같은 여자와 적이 되지 않는 길이다.

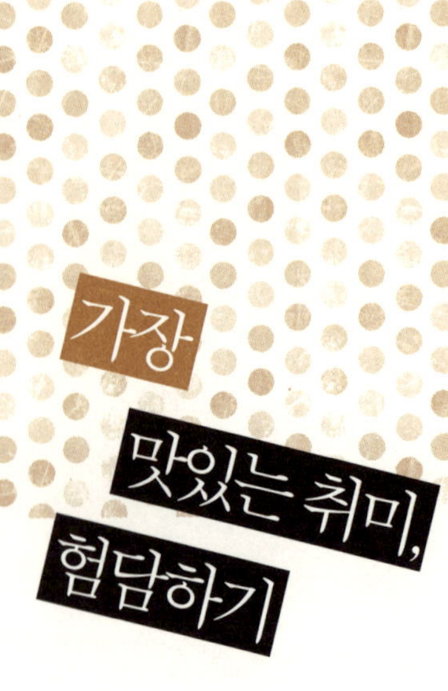

인생은 짧은 이야기와 같다. 중요한 것은 그 길이가 아니라 값어치이다.

— 세네카

공연희 씨는 "어머, 가방 예쁘다. 쇼핑 센스가 뛰어난데"라고

칭찬한 지 몇 분 되지도 않아 "요즘 누가 저런 걸 돈 주고 산대?"

라며 험담을 일삼는다. 상대방에게 안 좋은 감정이 있어서 일부

러 나쁘게 말하는 경우를 제외하고 대부분의 수다는 험담 자체를 즐기기 위해 늘어놓는다고 할 수 있다. 심지어 가장 친한 동료에게도 "능력 있는 남자와 결혼에 골인하게 되다니, 잘된 일이다"라며 축하하고는 뒤돌아서서 "남편 될 사람이 어디 문제 있는 거 아니야? 그 남자가 뭐가 아쉬워서 쟤를 만나겠어?" 하고 흠집을 내지 못해 안달이다.

자초지종을 들은 동료가 어떻게 그럴 수 있느냐며 따지면, "미숙 씨가 먼저 말을 꺼내서 동의한 것뿐이야", "모두들 안 좋게 말하더라니까. 난 널 대변해 주지 못한 죄 밖에 없어" 하고 잡아떼기 바쁘다. 게다가 주변 사람들의 말까지 여과 없이 전달해 문제를 확대시키니, 동료들은 자연스레 공연희 씨 앞에서 입을 다물게 된다. 말싸움에 끼어들어 마음고생을 할 수도 있다고 생각되면 어울리기 꺼려지는 것이다.

나도 험담의 주인공이 될 수 있다는 불편한 진실

조직 생활을 하다 보면 험담하는 것 자체를 즐기는 여자들을 심심찮게 볼 수 있다. 앞에서는 좋은 척 하하거리다 뒤돌아서면 180도 돌변하니, 그런 여자들과 대화를 나누면 중간에 쉽게 자리를 뜰 수 없다. 일어서서 나가는 순간 자신에 대한 비난과 억측이 쏟아져 나올 게 뻔하기 때문이다.

사소한 일도 험담의 소재가 될 수 있다. 혹시라도 험담의 주인공이 되지는 않을까 불안하다면, 흉잡힐 일을 하지 않도록 주의하는 것만이 상책이다. 험담하는 데 맞장구를 친다거나, "나도 알고 있는 게 있어" 하며 불난 집에 기름을 끼얹는 행위 역시 삼간다. 자칫하면 모든 잘못을 뒤집어쓰고 책임을 져야 하는 상황을 맞이할지도 모를 일이다. 습관처럼 험담하는 여자일수록 시치미를 떼며 다른 사람에게 잘못을 떠넘기는 데 선수이지 않은가.

말이란 돌고 돌아 결국 자신에게 되돌아오는 법이다. 험담의 화살을 쏘아 올리면 험담이, 칭찬의 화살을 쏘아 올리

면 칭찬을 맞게 되는 것이다. 험담하는 데 열 내지 말고, 이

제부터라도 칭찬을 즐겨 하면 어떨까? 원만한 인관관계를

유지하는 데 칭찬만큼 좋은 수단도 없다.

자화자찬은 오만의 시작이다. 오만은 낭비된 자화자찬이다.

– 톨스토이

반우월 주임은 여자 동료들이 "오늘 화사하고 멋진데?", "역시

강 대리는 기획 솜씨가 탁월해" 등의 칭찬을 들으면 속이 부글부

글 끓는다. 마치 자신이 받을 칭찬을 가로채 갔다는 듯 억울해한

다. "뭐가 화사해요. 색이 튀는데?", "겨우 한 번 잘한 것 가지고 탁월하다는 표현은 지나쳐요"라며 기어코 딴죽을 걸어야 직성이 풀린다. 그러면서 "사귄 남자들이 날 잊지 못해서 술만 마시면 전화하고 난리도 아니라니까", "이 옷 꽤 독특해 보이지? 역시 난 패션 센스가 남달라", "요리는 배운 적도 없는데, 먹어 본 사람들은 하나같이 맛있대" 등의 자기 자랑은 거리낌 없이 내뱉는다. 온통 잘난 척으로 밖에 들리지 않는 말뿐이니, 반 주임이 입을 열면 동료들은 귀를 막아 버리고 싶은 심정이다.

게다가 자신의 존재가 묻히면 안 된다는 강박관념에 사로잡힌 것인지, 아니면 이름처럼 우월감에 젖어 있는 것인지 "제가 진수를 보여 줄게요", "발품을 팔면 더 좋은 물건을 살 수 있어요. 제가 할게요"라며 사소한 일 하나까지 챙기려고 든다. 그 모습에 상사들은 "반 주임은 참 부지런해", "항상 열정적으로 일한다니까"라며 칭찬하기에 여념이 없다. 주변 동료들을 깎아내리지 못해 안달인 반 주임의 속내를 모르고 한 말이니 이해는 되지만, 당하는 사람 입장에서는 기가 찰 노릇이다.

위험한 열정의 또 다른 이름, 자만심

반우월 주임에게 "자만심이 하늘을 찌르네요", "모르는 부분은 모른다고 깔끔하게 인정하죠"라는 식으로 몰아세워서는 안 된다. 커피를 맛있게 탔다고 칭찬받는 부하 직원이 얄미워 "커피 맛이 뭔지 제가 제대로 보여 드릴게요"라는 반우월 주임에게 싫은 내색을 비쳐 봤자, 돌아오는 것은 고된 선배살이일 게 분명하다. 차라리 "반 주임님이 타 주시는 커피, 저도 맛보고 싶어요. 저에게 비법 좀 전수해 주세요"라며 비위를 맞추는 편이 현명하다. 반 주임에게 미움을 사지 않을뿐더러 우호적인 관계를 맺게 되어 직장 생활이 보다 편할 것이다.

속으로는 '잘난 척은? 진짜 못 들어 주겠네'라고 생각할지라도 겉으로는 포커페이스를 유지하는 것이 좋다. 자만심에

차 있는 여자들에게 직언은 관계를 악화시키는 도구로 작용할 뿐이다. 있는 그대로 사실을 전하려다 본인만 기진맥진해 질 수 있음을 명심하자. 고깝지만 인정해 주는 게 정신 건강을 위해서 나은 선택이다. 반우월 주임 같은 여자들이 가치관을 바꾸려면 오랜 시간이 걸릴 테니 말이다.

'자신의 능력이 제일 뛰어나야 한다', '자신이 제일 돋보여야 한다'고 믿는 여자일수록 의외로 자존감이 낮을 확률이 높다. 사람들의 칭찬을 받으려고 혈안이 된 것도 그러한 이유에서 비롯된 것인지도 모른다. 따라서 자존감에 치명타를 입히는 언행은 삼가고, 동료와 잘 지내야만 자신이 더욱 돋보일 수 있음을 일깨워 주자. 절대 바뀔 수 없는 모태 철학을 가진 게 아니라면 점차 변화를 보일 것이다.

Part 2.
전반전
말 한마디로 매를 버는 여자 vs.
말 한마디로 점수를 따는 여자

일을 빨리 끝내라고 함부로 다그치게 되면 결국 어떤 일이건 제대로 되는 법이 없다.

– 공자

"여소심 대리, 아까 준 기획안 어떻게 됐어?"

"내일 부장님께 보고서 올려야 하는 거 알고 있지? 서두르라고!"

지시한 지 얼마 되지도 않아 다 되었냐고 부하 직원을 닦달하는 백여우 과장이 있다. "과장님! 아직 못 끝냈는데요"라는 대답이 들려오면 "복잡한 기획안도 아닌데, 아직도 붙잡고 있는 거야? 업무 시간에 딴짓한 건 아니고?"라며 매섭게 몰아붙인다. 급한 성격의 소유자도 아니면서 업무 지시만큼은 "빨리빨리"를 외쳐야 직성이 풀리는 스타일이라고 할 수 있다.

백 과장이 하도 서두르는 바람에 정신없는 부하 직원이 "과장님, 시간을 조금만 더 주세요. 너무 재촉하시면 늦어져요"라는 식으로 불만을 토로하면, 여우 꼬리를 밟는 상황이 연출된다. "여자들은 말대꾸하는 게 문제야", "사회생활에서 신속, 정확이 얼마나 중요한지 몰라?", "난 상사에게 지시받은 일은 총알처럼 끝냈는데" 하며 잔소리를 늘어놓기 시작한다.

늑장을 부린 것도 아닌데 마치 일 처리를 늦게 한다는 식의 압박을 받는 부하 직원들은 스트레스가 여간 쌓이는 게 아니다. 백여우 과장이 자신에게 악감정이 있는 것은 아닌지 의심만 들 뿐이다. 다그친다고 하소연해도 상황은 달라지지 않으니, 그저 참고 지내는 수밖에 별 도리가 없다.

반항하면 돌아오는 것은 잔소리뿐

백여우 과장이 신입 직원이었을 때 일 처리가 느리다고 호되게 선배살이를 당했다거나, 부하 직원이 제대로 일을 하지 않는다는 생각에 지시 사항을 수시로 확인할 수도 있다. 문제는 부하 직원의 잘못에 대한 지적 없이 무조건적으로 닦달한다는 것이다. 부하 직원 입장에서는 백여우 과장을 이해할 수 없을뿐더러 반감을 느끼게 될 것은 뻔하다. 심하면 "아직도 못 끝냈어?"라는 물음에 습관처럼 "네. 빨리 해 드릴게요" 하고 대답만 건성건성 하게 될지도 모를 일이다.

백여우 과장 같은 여자는 부하 직원들과 허심탄회한 대화를 나누려고 하지 않을 가능성이 높다. 친해지면 일을 시키는 게 불편하고, 상사로서의 권위를 세울 수 없다고 여기기 때문이다. 따라서 너무 가까이 다가가기보다 거리를 두며 실수를 범하지 않도록 노력하는 것만이 상책이다. "지시한 지 얼마나 되었다고요?", "제가 일 처리를 늦게 하는 건가요?"라는 불평도 될 수 있으면 하지 말아야 한다. "빨리 하겠습니다", "과장님 능력을 따라 가려면 제가 아직 멀었죠?"라고 너스레를 떨며 긍정적으로 대응하는 것만이 백여우 과장의 잔소리를 피하는 유일한 방법이다.

내 직장의
그녀를
탐색하다

어둠이 빛을 드러내듯 겸손은 하늘의 빛을 밝히 드러낸다.

– 도루

반말이 주임은 생년월일을 유독 심하게 따지는 여자다. 학교

를 일찍 들어가 학번이 빠른 것은 인정하지 않으며, 오로지 "무

슨 띠세요?"라고 물어서 자신보다 나이가 어리면 바로 말을 놓

는다. 부하 직원에게도 "얘, 저것 좀 가져와", "상아야, 기획안은 다 썼니?"라고 동생 다루듯 말해 당사자뿐만 아니라, 주변 사람들을 언짢게 한다.

반 주임의 말투에 참다못한 이상아 씨가 "주임님, 왜 저한테 막말하듯 하세요?"라고 하소연하면, "이름 좀 불렀다고 지금 나한테 화풀이하는 거야?", "나이도 6살이나 어린 사람한테 존대하라는 거야?" 등의 폭언도 서슴지 않는다. 그 모습에 질릴 대로 질린 이상아 씨는 반 주임과는 두 번 다시 상대도 하지 않겠다고 마음먹었다. '반말하는 것은 상사로서 부하 직원에게 친근하게 다가가기 위해서다'라고 좋게 생각하려고 해도 자신을 우습게 보는 것만 같아 기분이 나쁜 것이다.

나이가 모든 것을 대변해 주지는 않는다

반말이 주임이 장녀로 동생들만 상대하다 보니 반말하는 게 익숙해졌을 수도 있고, 반대로 막내로 자라 언니 행세를 하고 싶은 마음에 나이 어린 사람을 편하게 대했을 수도 있다. 그런데 만약 상대방도 같은 성향의 소유자라면 "나이가 어려도 동생처럼 대하는 것은 문제가 있지 않나요?", "저는 동생은 하고 싶지 않은데요?"라며 맞받아칠 게 뻔하다. 같은 성향끼리 잘 맞을 수도 있는 반면, 부딪힐 위험도 크기 때문이다.

지나치게 사람들을 편하게 대하면 '사회의식이 결여된 여자'라는 인상을 심어 줄 수 있음을 명심해야 한다. 언니 동생처럼 허물없이 대화하다 보면 공과 사를 명확하게 구별하지 못해 도리어 소통의 단절을 불러올 수 있다. 자신의 입장에서는 상대를 편하게 해 주려고 말도 편하게 한다지만, 상대방은 '나를 우습게 아는 여자', '나를 만만하게 보는 여자'라고 낙인을 찍을지도 모를 일이다.

나이 어린 사람에게 반말하는 것을 즐기는 반말이 주임에게는 "반 주임님, 직장에서는 저를 조직의 구성원으로서 대우해 주시면 안 될까요?", "주임님, 친언니처럼 대해 주셔서 감사한데요. 너무 편하게 대해 주시면 다른 사람들도 절 그렇게 대할 것 같아요. 제 입장도 좀 헤아려 주세요" 하며 동생이 언니한테 부탁하듯 의사를 전달하는 편이 좋다. 딱딱하게 따지는 것보다 부드럽게 응수해야 반말이 주임도 자신의 언행을 돌아보고 바꾸기 위해 노력할 것이다. 단, 습관을 바꾸는 것은 어려운 일이니 호칭을 곧바로 고쳐 주지 않는다고 속상해하지 말자. 그럴수록 본인만 괴롭다.

인간은 입은 하나, 귀가 둘이다. 이것은 말보다 듣는 쪽을 두 배로 하라는

뜻이다.

— 탈무드

김이중 주임은 틈만 나면 "인사팀의 서미애 씨, 능력 있는 남

자를 잡았다면서?", "박 과장은 가식적인 사람 같아. 친절한 척하

는 것뿐이지, 속으로는 부하 직원을 얼마나 깎아내리는데" 등의 험담을 하기 일쑤다. 동료애를 쌓는 데 험담이 제일이라는 게 그녀의 지론이라고도 할 수 있다.

직장 생활하느라 쌓인 스트레스를 해소하는 데 험담이 어느 정도 일조를 하니, 동료들도 맞장구를 치며 험담할 때가 많다. 가끔은 속 시원히 얘기를 꺼내는 김이중 주임을 통해 만족감을 느끼기도 한다. 단, 한 가지 신경 쓰이는 점만 제외하면 말이다. 바로 뒤에서는 없는 흉, 있는 흉 다 보면서 1초도 되지 않아 얼굴색 하나 변하지 않고 알랑방귀를 뀐다는 점이다.

험담하고 바로 친한 척하기 힘든 동료들은 서미애 씨나, 박 과장 앞에서 무표정으로 응대한다. 반면 김이중 주임은 "미애 씨, 오늘 피곤해 보인다. 무슨 안 좋은 일이라도 있어?", "박 과장님. 기분이 우울해 보이시는데, 제가 커피 한 잔 맛있게 타 드릴까요?" 하며 더없이 살갑게 대한다. 그 모습에 혹시라도 험담한 내용을 일러바칠까 싶어, 보다 못한 이아름 씨가 "김 주임님. 박 과장님에 대해 흉을 보시고는 어떻게 바로 좋은 척할 수 있어요?” 하고 물었다. 그러자 김이중 주임은 “내가 좋아서 그런 것 같아? 상사로서 할 수 없이 챙겨 준 거야. 나, 박 과장 정말 싫어”라며 인맥 관리 차원에서 처신한 것이라고 변명을 늘어놓는다.

이아름 씨를 비롯한 다른 동료들은 그런 김이중 주임을 이해할 수 없다. 포커페이스를 유지하는 것인지, 아부 근성이 강한 것인지 분간하기 어렵기 때문이다. 결국 또 다른 동료들 사이에서 김이중 주임에 대한 험담을 하는 것이 어느 순간 하루 일과가 되어 버렸다. 험담을 주고받으며 공감대를 형성할 때는 언제고, 사회생활을 편하게 하고자 혼자만 아부를 떠는 게 미워 보이는 것이다.

인맥 관리의 노하우를 배워라

험담하고 바로 박 과장 앞에서 좋은 척하는 김이중 주임이 미운 것은 당연하다. 하지만, 다르게 생각하면 김이중 주임이 제대로 처신한다고 볼 수도 있다. 학창 시절에 한 번쯤은 경험한 적이 있을 것이다. 선생님의 흉을 실컷 보다 뒤돌아서면 '선생님을 존경합니다'라는 듯 사분사분하는 친구들 말이다. "너는 어떻게 그럴 수 있니?"라는 물음에 친구는 험담과는 별개로 선생님께 괜한 미움을 살 필요는 없다고 대답했다.

어린 마음에는 친구의 말이 몹시 얄밉게 느껴졌었다. 그런데 아예 안 볼 것도 아니고, 계속해서 마주 대해야 한다면 '난 당신을 싫어합니다'라고 굳이 내색할 필요가 있을까? 김이중 주임처럼 인맥 관리를 하는 것이 오히려 현명한 처사 아닐까? 더욱이 험담한 내용을 고자질하지 않는다면, 미워해야 할 명분도 없어지는 셈이다.

김이중 주임이 험담한 내용을 발설할지도 모른다고 무조건 의심하지는 말자. 자칫 김이중 주임이 그 사실을 알고 기분이 나빠 박 과장에게 말해 버리면, 더 큰 화를 불러일으키는 결과를 낳는다. 차라리 김이중 주임처럼 직장 상사의 비위를 건드리지 않는 선

에서 조직 생활을 해 나가는 방법을 배우도록 하자. 인맥 관리를

위한 필수 요소는 싫어도 싫은 티를 내지 않는 포커페이스다.

열매 맺지 않는 과일나무는 심을 필요가 없고, 의리 없는 벗은 사귈 필요가 없다.

– 명심보감

"그게, 그런 게 아니라요."

"알고 있었는데요. 잠시 착각했었던 것 같아요."

늘 변명부터 늘어놓는 진변명 대리가 있다. 지각을 해도 "죄송합니다"라고 시원하게 자신의 잘못을 인정하는 법이 없다. "버스 타이어에 펑크가 나서 수리할 동안 기다리느라고요", "택시를 타고 오는데 차가 너무 막혀 다시 지하철로 갈아타다 보니까 늦었어요"라며 변명부터 한가득 쏟아 낸다.

진 대리의 변명에 익숙해질 대로 익숙해진 최 팀장은 "진변명 씨, 또 뭐가 문제였다고 말하고 싶은 거지?"라며 직설적으로 묻는다. 어차피 "제 실수입니다"라고 시인하지 않을 게 뻔하기 때문이다. 아니나 다를까 "그게요. 팀장님이 안 좋아하실 것 같아서요" 하며 애매모호하게 변명을 앞세워 자신은 한 발 뒤로 물러선다. 코너에 몰린다 싶으면 "권 대리가 그렇게 해도 된다고 부추겼어요. 저는 안 된다고 계속 설득했는데……"라는 식으로 빠져나가는 게 진변명 대리의 특기다. 사과하면 빨리 끝날 일을 가지고 다른 사람까지 끌어들이니, 상사 입장에서는 짜증이 날 수밖에 없다.

더욱이 "죄송합니다"라고 곧바로 잘못을 시인하는 간결이 대리와 비교하면 짜증을 넘어 울화가 치민다. 간결이 대리는 "이게 왜 잘못되었지?"라는 최 팀장의 물음에 "신경 써서 해야 하는데, 제가 집중을 제대로 하지 못한 것 같습니다. 바로 시정하겠습니다" 하며 수정 사항까지 챙기니, 얼굴을 붉히며 잔소리하지 않아도 된다. 다시 보고할 때도 "번거롭게 해 드려 죄송합니다. 아직 시간적으로 여유가 있으니, 재검토해 주시면 완벽하게 마무리하겠습니다"라고 깔끔하게 말해 상사는 물론, 주변 동료들의 신임을 한 몸에 받는다.

최고의 능력한 솔직한 태도이다

"잘못했습니다", "죄송합니다", "미안해"라고 인정하면, 오히려 변명할 기회가 주어진다. 사과를 들으면 무조건적으로 화를 내기보다 왜 잘못을 저지르게 됐는지 객관적인 입장에서 바라보려고 할 것이다. 따라서 진변명 대리 같은 여자에게는 변명부터 늘어놓지 말고, 잘못한 일은 사과부터 먼저 하라고 가르쳐 주어야 한다. "죄송합니다", "잘못했습니다"라는 말을 습관적으로 하다 보면, 변명부터 늘어놓으려는 태도는 점차 고쳐질 것이다.

조직 생활에서는 억울하게 잘못을 뒤집어쓰게 될 수도 있다. 그때 요리조리 빠져나가며 변명을 늘어놓았던 사람은 자신의 잘못이 아니라고 진실을 이야기해도 소용이 없다. 상사의 귀에는 약삭빠른 변명으로 밖에 들리지 않을 테니 말이다. 불신은 억울함과 항상 붙어 다닌다는 사실을 알아야 한다.

사람들은 흔히 잘되면 내 탓이고, 안되면 남의 탓으로 돌리는 경향이 강하다. 상사가 지시를 잘못해서, 집에 갑자기 일이 생겨서, 동료가 전달 사항을 알려 주지 않아서 등 외부에서 원인을 찾으려고 한다. 하지만, 그럴수록 부정적인 영향이 작용할 뿐이다. 갖은 변명으로 책임을 떠넘기려는 사람과는 아무도 일하고 싶어 하지 않을 것이다.

삼천포로 빠진 회의의 행방은?

자신이 어디서 왔고 어디로 가는지 모르는 사람은 정보를 가려낼 수 없다.

– 닐 포스트먼

"이번 A업체와의 프로모션은 우리 쪽에서 제품을 지원하기로 했어", "다른 팀 지원 없이 프로젝트를 수행해야 하니, 업무를 확실히 분담하자고"라는 상사의 브리핑에 "A업체는 갑처럼 행동해서 함께 일하기 불편해요", "다른 팀 지원 없이 일을 진행한다는 건 무리라고 생각됩니다"라며 딴죽을 거는 심천포 대리가 있다. 늘 토를 다는 심 대리의 스타일을 알기에 회의에 참석한 사람들은 '또 시작이야?', '무슨 말로 시간을 잡아먹으려고?'라며 짜증 섞인 한숨을 내쉰다. 회의 내용과 전혀 상관없는 말로 회의 시간만 길어지게 할 게 뻔하기 때문이다.

결국 김 부장이 "제품을 지원하기로 이미 결제가 난 사항이야", "다른 팀 지원 없이 프로젝트를 수행하면, 우리 팀 실적이 올라간다는 거 모르겠어?" 하며 심천포 대리를 설득하는 것으로 회의는 일단락되었다. 그럼에도 회의 때마다 심 대리와 입씨름을 해 온 동료들은 '그냥 좀 넘어가면 안 되나?'라는 생각에 부아가 치민다. 심천포 대리가 "잘하려고 한 것뿐이에요"라고 아무리 사정을 설명해도 일부러 곁다리를 든 건 아닌지 의심스럽기까지 하다.

불만인지 개선 사항인지 헷갈리게 의사를 전달하면 쉽게 묵살되기 십상이다. 자신은 열의를 가지고 말한다고 하지만, 이미 결정 난 사항을 다시 헤집는 것은 사람들의 귀를 피곤하게 만들 뿐이다. 심하면 입을 떼지 못하도록 발언의 기회조차 뺏어 버릴 수도 있다. '바쁜데 또 시간을 낭비하려고 그러나?'라는 짜증이 유발되면 아예 무시하는 게 최선이라는 결론에 이르게 된다.

뭘 전달하려는 건지 어수선하게 의사를 표현하는 심천포 대리 같은 여자에게는 "오늘은 결정된 사항은 제쳐 두고 앞으로 진행시켜야 할 사안만 논의해 보자고"라며 못을 박아 주는 편이 좋다. 요점이 무엇인지 파악하도록 도와주어야 회의에 더욱 열중할 것이다. "말이 너무 많아", "핵심이 그게 아니잖아"라는 편잔은 오히려 역효과를 불러일으킨다. 문제점을 되돌아보기보다 자신을 무시한 사람들에 대한 반발심을 키울 수 있다.

만약 심천포 대리처럼 앞뒤가 맞지 않는 말로 동료들의 따가

운 눈총을 받고 있다면, 먼저 회의에서 다루어야 하는 쟁점이 무

엇인지 파악해 본다. 자신이 말하고 싶은 내용을 머릿속으로

한번 정리해 보는 것도 효과적인 방법이다. 명확한 주제 인

식과 더불어 정곡을 찌르는 언변으로 "예리한 의견이야"라

는 찬사를 받을 수 있을 것이다.

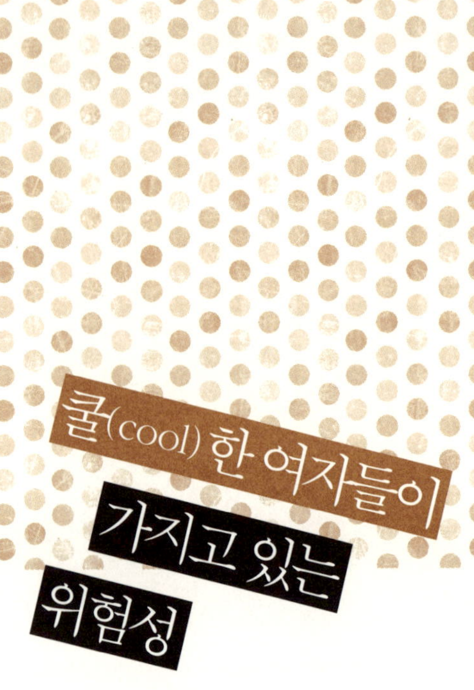

한마디의 말로 하는 타격이 칼로 한번 휘두르는 것보다 더 깊이 찌른다.

— 버턴

"난 그런 것은 신경 안 써. 쪼잔해 보이게 뭘."

"해 주면 그걸로 끝이지, 왜 생색을 내고 난리야?

자신은 쿨한 여자라고 떠벌리고 다니는 여자들이 있다. 쿨한 여자라고 주위 사람들이 칭찬하면 "아휴, 아니야" 하고 손사래를 치며, 겸손을 겸비한 여자라는 인상을 심어 주기 위해 애쓴다. 물론 뒤끝 없고 명쾌한 성격의 여자가 겸손하기까지 하면 당연히 좋게 평가받아 마땅하다. 문제는 실상은 전혀 그렇지 않다는 데 있다. "괜찮아. 내가 해 줄게", "나만 믿어"라고 해 놓고, "어쩜 고마운 줄도 모르는 거 있지?", "부탁하는 데 미안한 기색도 없더라니까" 하며 뒤에서는 험담을 늘어놓기 일쑤다.

쿨하기로 소문 난 차가운 대리에게 정하나 씨도 크게 혼쭐이 났다. "뭐든지 말해. 내가 비밀 지켜 줄게. 고민을 얘기하고 나면 마음이 한결 가벼워질 거야"라는 꾐에 속마음을 털어놓았다. 그런데 차가운 대리가 "회계 팀의 정하나 씨 있잖아. 고민을 들어 보니까 문제가 꽤 심각하더라. 어쩌자고 일을 그렇게 키웠나 몰라" 하며 타 부서 사람들에게 모두 폭로해 버렸다. 사실도 아닌 일을 보태서 말이다.

뒤끝 없는 시원시원한 여자가 아니라, 실제로는 뒤끝 작렬의

가증스러운 여자임을 뼈저리게 느낀 정하나 씨는 이제 쿨한 여
자라면 질색이다. 쿨하다는 것이 쿨한 척하다는 뜻에 불과하다
는 사실을 알아 버렸기 때문이다. 차가운 대리 탓에 화통한 성격
의 여자만 봐도 지레 겁을 먹게 되었다.

빈 수레가 요란한 법이다

좋은 이미지는 스스로 떠벌린다고 해서 형성되는 것이 아니
다. 정말로 쿨할 자신이 없다면, 스스로 '쿨한 여자'라고 떠
벌리지 마라. 쿨하다는 평가를 받고 싶다면 쿨한 사람이 되
도록 노력부터 하라. 그러다 보면 어느새 쿨한 여자가 돼 있
을 것이다.

앞뒤가 다르게 행동하는 차가운 대리 같은 여자에게는 쿨한 여
자라고 칭찬해 주자. '얼음 같은 여자'라고 생각할지라도 쿨한 여
자가 되기 위해 안간힘을 쓰는 데 초를 치지는 말아야 한다. 쿨

한 척 다가와 사람의 마음을 얼려 버리는 여자가 앙심을 품으면 냉동고에 갇히는 사태가 발생할 수도 있다.

짜증이 날 법한 일도 대범하게 넘기는 모습에 쿨한 여자라고 착각해서는 안 된다. 북극보다 차가운 여자일 수 있다. "걱정 마. 내가 수습해 볼게", "여자들이 의리를 얼마나 중요하게 여기는지 보여 주자고!" 등의 말로 쿨한 척 포장하는 것일 뿐, 속으로는 자신이 당한 만큼 갚아 줄 날을 손꼽아 기다리고 있을지도 모를 일이다. 쿨한 이미지에 속지 말고 앞뒤가 똑같이 행동하는지 두 번, 세 번 확인하는 길만이 최선이다.

진정한 웅변은 필요한 말을 전부 말하지 않고, 필요치 않은 것은 일절 말

하지 않는 것이다.

— 라 로슈코프

까마귀 고기를 먹은 것인지 했던 말을 반복하는 여자들이 있

다. "지난번에 이야기했지만 박 대리 말이야", "이전 직장에서는

90

내 보고서를 표본으로 삼았다니까", "우리 과에서 내가 장학금을 가장 많이 받았었어" 등 귀에 못이 박히게 들었음에도 마치 처음 꺼낸다는 듯 늘어놓는다.

한두 번은 적극적으로 리액션을 해 주며 재미있게 들어 준다. 하지만, 세 번 이상 반복되면 한 귀로 듣고 한 귀로 흘리게 된다. "지난번에 말했었는데?", "알고 있어. 전에 얘기해 줬잖아"라며 더는 말하지 않아도 된다고 눈치를 줘도 소용이 없다. "미안. 내가 말했었나?", "내가 한이 맺혔나 봐. 되풀이하는 걸 보면" 하며 신경 쓰는 것도 잠시, 다시 원래의 모습으로 돌아간다. "박 대리는 왜 그렇게 행동하는지 모르겠어", "내가 신입 직원이었을 때는 말이야", "대학 시절에는 나를 걸어 다니는 사전이라고 부를 정도였다니까"라고 레퍼토리를 읊어 대, 짜증을 유발한다. 정말 자신이 했던 말을 잊어버린 것인지, 잊어버린 척하는지 확인할 길이 없으니, 듣는 사람 입장에서는 스트레스만 쌓일 뿐이다.

자연스럽게 화제를 전환시킬 것

같은 말을 되풀이하는 여자들에게는 "또 시작이야?", "넌 그 말밖에 모르니?" 하며 면박을 주지 말아야 한다. 기분이 상해 거리를 두려고 할 수도 있다. 차라리 "그 말, 한 번만 더 들으면 100번째 듣는 거야", "그다음 말은 이렇게 하려고 했지?"라며 유머러스하게 넘겨보자. 무신경한 성격의 소유자가 아니라면 화제를 바꾸려고 할 것이다. 또 같은 말을 여러 번 들어서 불편하다고 조심스럽게 의사를 전달해 보는 것도 좋은 방법이다. 자신의 문제점을 알면서도 심하게 무안을 주지 않는 상대방에게 미안한 감정이 들어 주의하게 될 것이다.

"또 그 얘기야?", "했던 말 되풀이하는 거 질리지도 않아?"라는 지적을 받은 경험이 있다면, 왜 같은 말을 반복하는지 곰곰이 생각해 보자. 마음속에 자신도 미처 인지하지 못했던 이유가 숨어 있을지도 모른다. 이유를 찾지 못한다고 해도 걱정할 필요는 없다. 지난 이야기에 열을 올리는 자신을 발견하면, 새로운 레퍼토리를 구상해야겠다고 깨닫게 될 것이다.

예를 들면 이전 직장에서는 보고서를 잘 써서 칭찬을 들었었는데, 요즘에는 보고서를 수정해 달라는 요청을 자주 받는다고 해 보자. "전에는 이런 일이 한 번도 없었는데……" 하며 했던 말을 되풀이하는 대신 안일한 태도로 업무에 임한 것은 아닌지 되돌아보는 시간을 갖는다. 다시 말해 푸념만 늘어놓을 게 아니라, 문제점을 고치도록 노력하라는 뜻이다. 지나간 시간을 늘어놓는 사람은 "나는 지금 별 볼 일 없어"라고 인정하는 꼴밖에 안 된다는 사실, 명심하자.

진실 없는 삶이란 있을 수가 없다. 진실이란 삶 그 자체인 것이다.

― 카프카

"언제 제가 술 한 잔 살게요."

"조만간 제가 좋은 자리를 마련하죠."

사회생활을 하다 보면 빈말을 입에 달고 다니는 여자들을 심심찮게 볼 수 있다. 다음번에 다시 만나자는 뜻으로 하는 말인데, 정작 실행으로 옮기지는 않아 공수표가 되어 버릴 때가 많다.

반입술 씨도 빈말을 잘하는 여자들 가운데 한 명이다. "다음에 내가 크게 한턱 쏠게", "다음에 제가 진수를 보여 드릴게요", "오늘은 속이 안 좋아서 힘들 것 같아요. 다음에 만날 때는 꼭 대작을 할게요"라는 식으로 둘러댈 때가 한두 번이 아니다. 반입술 씨와 돈독한 관계를 맺고 싶은 동료들은 약속을 기대하지만, 그날이 오면 또 다른 날로 미뤄진다.

반입술 씨의 빈말에 참다못한 오 대리가 "반입술 씨, 이번에는 정말 약속 지키는 거지?" 하고 확인 사살을 날리면, "어머, 제가 깜빡했어요. 죄송해요"라며 얼렁뚱땅 넘기려고 든다. "이왕 봐 주시는 김에 조금만 더 기다려 주시면 안 될까요? 다음번에는 무슨 일이 있어도 약속 지킬게요"라고 또다시 빈말을 하니, 오 대리는 두 손 두 발 다 들었다. 반입술 씨의 말이라면 콩으로 메주를 쑨다고 해도 믿을 수가 없다. "어차피 그냥 하는 말이잖아", "지킬

수 없는 약속은 아예 하지 마"라고 무시하는 게 상책이라는 생각
까지 한다. 결국 껄끄러운 사이로 전락해 버린 두 사람 사이에는
냉기류만이 흐를 뿐이다.

신뢰는 유리 거울 같은 것이다

상대방은 "언제 밥 한번 먹어요"라는 빈말을 중요한 약속으로
인식했을 수도 있다. 그럴 경우에는 무슨 일이 있어도 자신이 한
말을 지켜야 한다. '실없는 여자', '빈말을 습관처럼 날리는 여자'라
고 평가받고 싶지 않다면 말이다. 깨져 버린 신뢰를 회복하기란 매
우 힘들뿐더러 어쩌면 이전의 관계로 되돌아가지 못할 수도 있다.

불편한 순간을 모면하기 위해 예의상 빈말을 한 것이라고 변
명해 봤자, 아무런 도움이 되지 않는다. 빈말을 남발하는 게 불
쾌한 사람들에게는 변명이 오히려 역효과를 불러일으킬 것이다.
심하면 자신을 농락했다고 오해하여 상종하지 못할 여자라고 험

담을 늘어놓고 다닐지도 모른다.

빈말을 자주 하는 여자에게는 '이번엔 약속을 지키겠지. 어디 두고 볼 거야' 하는 태도는 피하는 게 좋다. 차라리 "이번 주 언제? 빈말하는 게 아니라면, 정확한 약속 날짜를 잡죠"라는 식으로 약속을 지킬 수 있도록 리드하는 편이 낫다. 정말 피치 못할 사정이 있지 않는 한 "그럼 제가 스케줄 확인해 보고 바로 연락 드릴게요", "이번 주 목요일은 어떠세요?"라고 답을 줄 것이다.

가볍게 넘길 수 있는 빈말은 분위기를 띄우는 감초 역할을 하지만, 과한 빈말은 불신감만 낳는다는 사실을 기억하자. 반입술 씨처럼 "제가 술 한 잔 살게요", "조만간 멋진 자리 한 번 만들어 볼게요"라며 지나치게 빈말을 하게 되면, 어느 누구도 귀를 기울이려고 하지 않을 것이다. 양치기 소녀의 말로 밖에는 들리지 않을 테니 말이다.

남자에게만 열려 있는 대화 채널

가치 있는 적이 될 수 있는 자와 화해하면 더 가치 있는 친구가 될 것이다.

– 펠담

새털처럼 입이 가벼운 여자들에게 호되게 당한 경험이 있는
것인지 여자보다 남자를 편하게 생각하는 여자들이 있다. 절친
도 믿지 못한다는 철칙 아래, 여자들에게는 속내를 절대 드러내

지 않는다. 대신 남자들에게만 속마음을 털어놓으며, "역시 남자 하면 의리지!"라고 부르짖는다.

하루 이틀 지내는 곳도 아니고 오랜 시간 함께 일하는 직장에서 남녀를 눈에 띄게 차별하는 모습에 여자 동료들은 반감을 느낄 수밖에 없다. "이고민 대리와 차의리 씨, 각별한 사이 같지 않아?", "이고민 대리는 남자 동료들과는 자주 어울리면서 여자 동료들과는 겨우 눈인사만 주고받는다니까. 뭔가 꿍꿍이가 있는 게 분명해"라는 식의 헛소문이 퍼지기도 한다. 남자들에게는 별의별 이야기를 나누면서 여자들과는 거리감을 두는 행동이 구설수를 만들어 내는 것이다.

이고민 대리도 나름의 사정은 있다. 학창 시절, 단짝인 여자 친구에게 비밀을 털어놓았다 크게 상처를 받은 일이 있었다. 입이 어찌나 가벼웠던지, 다른 반 아이들까지 이고민 대리의 비밀을 알아 버렸다. 그 이후로 이고민 대리는 여자들의 입을 믿을 수 없게 되었다. 남자들은 의리를 중요시하는 탓에 비밀을 발설하는 일이 드물지만, 여자들은 자신을 돋보이기 위해 타인의 비밀을 무기로 사용한다는 편견에 사로잡혀 버린 것이다.

남녀 모두를 아우르는 폭넓은 대인 관계를 구축하라

남자들의 입이 모두 무거운 것은 아니다. 입이 싼 남자들도 의외로 많다. 친한 사이가 아니더라도 타인의 비밀을 끝까지 간직해 주는 대인배가 있는 반면, 친하지 않다면 비밀쯤은 폭로해도 괜찮다고 생각하는 소인배도 있다.

실제로 "이고민 대리는 내게 속마음을 다 털어놓거든. 내가 부탁하면 아마 들어 줄 거야. 나를 얼마나 신뢰한다고"라며 자신 있게 중간책을 자처한 차의리 씨는 이고민 대리에게 제대로 뒤통수를 맞고 소인배로서의 면모를 드러냈다. 이고민 대리가 차의리 씨의 사정은 들어 보지도 않은 채 부탁을 단칼에 거절했기 때문이다. 그러자 기분이 상할 대로 상한 차의리 씨는 "이 대리 말이야. 자기 필요할 때만 찾는 이기적인 여자더라고” 하며 팀원들에게 이고민 대리의 험담은 물론, 속내를 전부 까발렸다.

이고민 대리처럼 여자들은 신뢰할 수 없다는 듯 높은 벽을 쌓아 올리는 행동은 적의 포위망을 쳐 버리는 것과 다름없음을 알아야 한다. 남자들과 이야기하는 게 편하다고 해서 여자들과 계속해서 등을 지면 ‘남자를 심하게 좋아하는 여자’라는 낙인이 찍힐 수 있다. 그렇게 되면 같이 어울리는 남자들과도 점점 불편해져 원활한 소통을 이루기 어렵다. 괜한 오해를 사서 더 큰 분란을 일으키지는 않을까 서로 마음을 졸일 게 뻔하다.

남자들과 어울리며 소통의 창구를 만들려는 여자에게는 가능한 한 천천히 다가는 것이 좋다. “속마음을 털어놔 봐요”, “같은 여자인데 뭐 어때요?”라는 식으로 접근하면 자신을 모함하려는 수작이라고 의심할지도 모른다. 마음속에 깊이 자리한 상처 탓에 섣불리 여자들에게 가까이 다가오지 못하는 경우도 있는 법이다. 그럴 때는 누구의 권유가 아닌, 본인 스스로 고민거리를 털

어놓을 수 있도록 기다려 주자. 여자들에게도 마음을 열 수 있

도록 진실로 대해 주는 것만이 최선이다.

노여움은 무모함으로 시작되어 후회로 끝난다.

– 피타고라스

'자신의 과거를 무용담처럼 늘어놓는 사람', '가슴에 담아 두었

던 불평불만을 쏟아 내며 싸움터로 만들어 버리는 사람', '유쾌한

이야기로 분위기를 띄우는 사람' 중 당신이라면 어느 유형의 사

람과 술을 마시겠는가? 유별난 성격의 소유자가 아니라면 당연히 세 번째 유형의 사람과 술을 마시고 싶을 것이다. 하지만, 안타깝게도 두 번째 유형의 사람들을 자주 접하게 된다. 특히 남자보다 여자가 평소 하지 못했던 얘기들을 주저리주저리 떠들 때가 많다. 술을 마시면 감성적으로 변하기 때문이다.

민가을 씨는 "김 과장님. 혹시 저한테 안 좋은 감정 있으세요?", "제가 보기보다 마음이 여리거든요. 아무렇지 않게 툭툭 내뱉은 말에도 쉽게 상처받아요"라며 술만 마시면 푸념을 늘어놓는다. 회식에 참석할 때마다 술주정인지, 취중진담인지 상사에게 시정을 요구하는 통에 시끌벅적했던 분위기는 순식간에 가라앉는다.

처음에는 김 과장도 "미안해. 난 그런 의도는 전혀 없었는데……"라며 받아 주었다. 그러나 듣기 좋은 꽃노래도 한두 번이지, 민가을 씨의 레퍼토리에 기분이 상해 "내가 민가을 씨한테 감정이 있을 게 뭐 있어. 술 취했나? 왜 이렇게 분위기 파악을 못해?" 하며 면박을 주게 된다.

상사의 쓴소리에 민가을 씨가 "죄송해요. 제가 술이 과했나 봐요" 하고 대꾸하면 그나마 다행이다. 어떨 때는 "과장님은 자신이 뭘 잘못하고 계신지 정말 모르세요? 저만 느끼는 게 아니고, 박 대리님도 과장님 때문에 힘들어한다고요"라면서 동료들을 줄줄이 엮으려고 든다. 갑자기 공범이 된 박 대리는 "무슨 소리야? 내가 언제 그런 말을 했어?", "난 민가을 씨가 불만을 토로할 때 옆자리에 있었던 죄 밖에 없다고" 하며 어찌할 바를 모른다. 결국 민가을 씨의 말 한마디로 회식은 파장에 이르고 만다.

술이 들어가면 이성보다 감성이 앞서는 법이다

술의 힘을 빌려 푸념을 늘어놓는 여자들이 있다면 "또 시작이야?", "술 깨고 맨 정신에 이야기해"라며 윽박지르지 말아야 한다. 자칫 잘못하면 즐거워야 할 술자리가 눈물바다로 바뀔 수도 있다. 그럴 때는 "오늘 술 한 잔하며 다 풀어냅시다" 하고 부정적인 감정을 끊어 주는 것이 좋다. 다른 사람까지 끌어들여 본격적으로 논쟁하려고 들 때도 마찬가지다. "서로 오해한 게 있다면 오늘 이 자리에서 풀고, 가슴에 담아 두지 맙시다" 하며 화해할 수 있는 기회를 제공해 주는 게 현명한 방법이다.

- 가슴에 담아 두었던 문제들을 술로 해결하려는 습관이 있다.
- 술을 마시면 감정 조절에 어려움을 느낀다.
- 술을 마신 다음 날, "어제 무슨 일이 있었지?"라며 기억을 못할 때가 많다.

만일 세 가지 중 어느 한 가지라도 해당된다면, 자신으로 인해 술자리가 불편해졌을 확률이 높다. 이제부터라도 술을 적당히 마신다거나, 술자리에서는 불편한 이야기는 절대 꺼내지 않겠다고 자신에게 세뇌를 걸어 보자. 상사와의 관계가 개선됨은 물론, 술자리의 분위기가 한결 밝아질 것이다.

모욕은 모욕을 당했다고 여기는 그 자체가 문제이다.

– 에픽테토스

남자들이 집안일을 챙기면 '자상한 남편', '따뜻한 아빠'라고 평

가하는 이편애 대리가 있다. "오늘 아내 생일이라서 깜짝 파티를

열어 보려고"라며 업무 시간에 여직원들에게 자문을 구하는 정

과장이나, "이번 회식은 참석하기 힘들 것 같은데. 처가댁 행사가 있거든" 하는 이 차장의 멘트에 가정과 일 어느 것 하나도 소홀히 하지 않는다며, 아낌없는 찬사를 보낸다.

반면에 결혼한 여자 동료들이 "제사 준비를 해야 해서 오늘 회식은 참석하지 못할 것 같아요. 죄송해요", "오후에 아이 학교에서 학부모 회의가 있어서 그런데, 반차를 쓸 수 있을까요?"라고 하면 "여자들은 공과 사를 구별하지 못하는 게 문제야", "아이가 그렇게 신경이 쓰이면 재택근무를 할 수 있는 곳으로 이직하는 게 낫지 않나? 부담스러워서 어디 일을 시킬 수가 있겠냐고" 하며 몰아붙이가 일쑤다. 이편애 대리 자신도 아이를 키우며 직장생활을 하는 워킹맘이면서 말이다.

"이편애 대리님도 집안일 때문에 일찍 들어갈 때 있으시잖아요"라고 누군가 지적하면, "아니, 집안일에 신경 안 쓰고 사는 사람도 있어?", "난 아이나 집안 행사가 있다는 말로 동료들에게 피해를 준 적이 없잖아" 하며 은근슬쩍 자기 자랑을 늘어놓는다. 같은 워킹맘으로서 어쩜 그렇게 야멸차게 행동할 수 있는지 결혼한 여자 동료들은 이편애 대리가 얄밉기 그지없다.

우회적으로 돌려서 말할 줄 아는 센스가 필요하다

일과 가정, 두 마리 토끼를 잡기 위해 고군분투하는 워킹맘들 중에는 "남편이 늦게 퇴근해서 저라도 일찍 들어가 봐야 할 것 같아요", "시댁에 중요한 일이 있어서 오늘은 야근하기 힘든데" 등의 핑계를 대는 여자들이 있다. 처음 한두 번은 "먼저 들어가 봐요", "그래요? 그럼 보고서는 내일까지 제출하도록 해요"라며 편의를 봐준다. 하지만, 이런 일이 자주 발생되면 직장을 등한시한다는 인상을 받는다. 능력이 아무리 뛰어나다고 해도 건성으로 업무에 임한다거나, 조직의 분위기를 흐린다면 부정적인 평가를 내릴 수밖에 없다.

사회생활을 그만둘 게 아니라면 "아이 때문에", "집안일 때문에"라는 말은 가급적 아끼는 것이 좋다. 워킹맘의 고충을 왜 이해하지 못하느냐고 하소연해 봤자, 상황은 달라지지 않을 것이다. 결혼한 여자들은 집안일을 핑계 삼아 업무를 소홀히 한다는 생각을 바꾸는 것은 매우 어려운 일이다. 여자들의 사회 진출이 활발해졌다고는 하나, 아직까지는 불식시키지 못하는 차별과 편견이 도사리고 있는 게 현실이다.

워킹맘에게 관대하지 않은 분위기 속에서는 집안일 대신 "몸살이 심해 병원을 가야 할 것 같아요. 다음번 회식에는 꼭 참석하겠습니다", "제가 요새 퇴근 후에 영어 회화 학원을 다니고 있거든요. 수업에 늦지 않으려면 칼퇴근해야 해요"라는 식으로 양해를 구하는 편이 낫다. 이러나저러나 눈 흘김은 받겠지만, 적어도 '집안일을 들먹이는 사회성이 결여된 여자'라는 불합리한 소리는 듣지 않을 것이다.

더불어 같은 여자로서 직장 생활과 집안일에 치여 힘겨운 워킹맘들을 이해하려는 노력을 해야 한다. 이편애 대리처럼 아픈 말로 콕콕 쑤시기보다 화이팅을 외쳐 주는 너그러운 태도가 필요하다. "오늘 일은 어느 정도 마무리되었으니, 나머진 내일 하죠", "자료 수집은 제가 해 놓고 갈게요. 나중에 저도 힘든 일 있을 때 도와주시면 되잖아요"라고 보듬어 준다면, 고맙고 미안한 마음에 직장 생활을 더욱 열심히 할 것이다.

아는 것을 안다 하고 모르는 것을 모른다 하는 것이 말의 근본이다.

－ 순자

내 직장의
그녀를
탐색하다

"김 대리는 옷을 왜 저렇게 입고 다니는지 몰라. 그게 멋인 줄

아나 봐."

"박 대리가 김미소 씨 좋아하는 거 아냐? 내 눈은 못 속인다니

112

까. 딱 보면 알아.”

험담을 즐기는 전조등 주임은 동석한 사람들이 “나도 그렇게 생각해요”, “사실 저도 알고 있는 게 하나 있는데” 하며 맞장구를 치면 흥이 나 계속해서 말을 잇는다. 시큰둥한 반응을 보이거나, ‘왜 저런 말을 하는 거지?’라는 표정으로 무신경하게 들어 주면 자신을 깔본다고 생각해 두 번 다시 상대하지 않는다.

전조등 주임의 스타일을 아는 부하 직원들은 험담에 가담하는 수밖에 도리가 없다. 맞춰 주지 않으면 더 큰 화를 입는다는 것을 눈으로 확인했기 때문이다. 험담 자체를 즐기지 않거니와 친하게 지내는 동료를 나쁘게 말하는 게 싫은 첨덤덤 대리가 전조등 주임의 타깃이 된 것이다.

“천덤덤 대리는 박 과장 오른팔인가 봐. 박 과장 말만 나오면 입을 다문다니까”, “천덤덤 대리, 우리들이 했던 말들을 안 부장에게 일러바쳤을 거야” 하며 천덤덤 대리를 향해 악담을 퍼붓는 통에 부하 직원들은 웃고 있어도 웃는 게 아니다. 꼭 가시방석에 앉아 있는 기분이다.

험담으로 쌓은 친밀감은 결코 오래갈 수 없다

누군가 열을 올리며 험담할 때는 "난 남 얘기하는 것도, 듣는 것도 싫어요" 하며 이상하다는 듯, 이해할 수 없다는 듯 쳐다보지 말아야 한다. 험담을 즐기는 사람이라면 자신을 무안하게 만든 대상에게 화살을 꽂으려고 할 게 분명하다. 천덤덤 대리에게 한 것처럼 말이다.

반발한다거나, 험담의 주인공의 역성을 드는 것 또한 삼간다. 간사한 성격의 소유자라면 "잘못 짚으셨어요. 제가 박 대리와 개인적으로 친해서 잘 아는데요. 박 대리 좋아하는 사람 따로 있어요"라는 지적에 "그래?" 하고 응수한 뒤, 이간질을 놓을 수도 있다. 전조등 주임 같은 여자들은 코너에 몰리면 꼼수를 쓰며 자신만 빠져나가는 데 선수다.

불가피하게 험담하는 자리에 함께하게 되었다면 "아, 네", "그랬대요?" 하며 그냥 들어 주는 척하는 것이 좋다. 끈끈한 동지애를 느끼지 못해 흥은 덜 나지만, 그래도 들어 주니 속은 시원해져 적을 만들려고 하지는 않을 것이다.

Part 3.
후반전
눈치 없는 여자 vs.
눈치 빠른 여자

생활은 습관이 짜낸 천에 불과하다.

− 아미엘

차지연 씨는 "지난번에 지시한 기획서는 언제 제출할 거야?"라
는 오 부장의 물음에 "어머나, 죄송해요. 내일까지 작성해서 올
리게요"라며 그제야 자료를 수집하기 시작한다. 어쩌다 한 번 깜

빡한 것처럼 보일 수도 있으나, "어머나"라는 말은 차지연 씨의 단골 멘트이다. 수시로 업무 상황을 확인하지 않으면 안 될 만큼 건망증이 매우 심하다.

물론 업무에 치이다 보면 깜빡할 수도 있다. 문제는 자신이 좋아하고 관심 있는 것은 바로바로 기억하면서 정작 중요한 일들은 잊어버린다는 점이다. "오늘 박 차장님이 저녁 사 주신다고 하셨는데, 아니에요?", "송 대리님. 지난번에 저한테 만 원 빌리신 거 잊지 않으셨죠?"라며 기억력을 발휘하니, 상사들 입장에서는 차지연 씨가 곱게 보일 리 만무하다. "차지연 씨는 일에 관심이 없는 것 같아", "내가 업무 지시하는 게 아니꼬워?", "지금 일을 하자는 거야, 말자는 거야?" 하며 다그치게 된다. 자신의 관심 영역 이외의 일은 기억샘이 존재하지 않는 듯 행동하는 차지연 씨에게 스트레스를 받는 것이다.

장점은 키우고, 단점은 보완할 것

차지연 씨처럼 기억력이 약한 여자에게는 밀어붙이듯 말하기보다 "차지연 씨! 자료 준비는 잘되고 있지?", "오후 3시에 거래처에 가는 거 알고 있지?"라며 기억력을 되살려 주는 편이 효과적이다. 챙기는 사람이 다소 피곤할 수도 있지만, 건망증 때문에 업무에 차질이 생기는 것보다는 훨씬 낫다.

깜빡했다기보다 일 처리가 늦어져 잊어버린 척했을 가능성도 무시하지 못한다. 그럴 경우에는 "뭘 어머나야? 아직 다 못 끝내서 잊어버렸다고 한 거 아니야?" 하며 닦달하지 않도록 한다. 주눅이 들어 건망증이 악화될 뿐만 아니라, 무안을 준 상사에게 반발심이 생기는 결과만 맞을 뿐이다. 차라리 "시간적으로 여유가 있는 편이 아니니 서둘러요"라며 모른 척 넘어가자. 상사에게 죄송한 마음이 들어 정신을 바짝 차리려고 할 것이다.

건망증이 심하다면 스마트폰이나, 다이어리에 메모하는 습관을 들인다. 중요 사항을 적은 메모지를 잘 보이는 곳에 붙여 놓고 수시로 확인하는 것도 좋은 방법이다. '나는 왜 만날 깜빡하는 갈까?'라며 고민만 하지 말고, 고치도록 노력하는 게 모두를 위한 길이다. 지속적으로 노력을 기울이다 보면 기억력은 향상될 것이다.

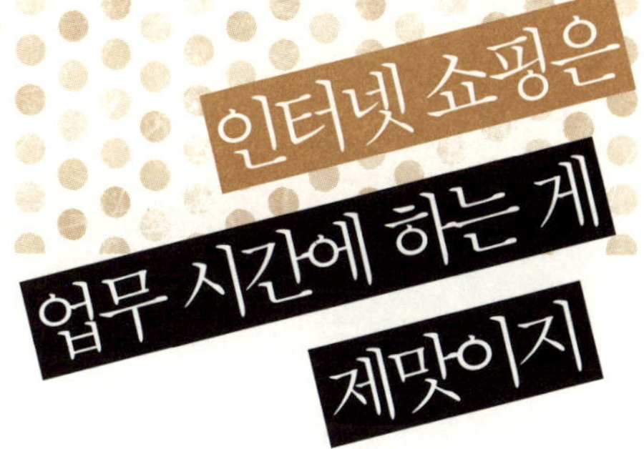

오늘 할 수 있는 일에 전력을 다하라. 그러면 내일에는 한 걸음 더 진보한다.

- 뉴턴

"채보라 님! 택배입니다."

일주일에 두서너 번은 택배를 받는 채보라 대리가 있다. 처음

에는 무얼 샀는지 궁금한 마음에 여기저기서 "뭘 산 거예요? 한번

보여 줘요"라며 관심을 나타냈다. 하지만, 쉴 새 없이 배달되는 물건들을 보면서 "또야?"라는 질책이 쏟아지기 시작했다. 단순히 쇼핑을 좋아하는 여자라고 치부하기에는 문제가 꽤 심각해 보였다.

일 진행이 더딘 것 같아 채보라 대리 자리에 가 보면, 신상품을 검색하느라 옆에 누가 와 있는지도 모를 정도였다. 그 모습을 보고 화가 머리끝까지 난 김 차장이 "인터넷 쇼핑에 정신이 팔려 있으니, 일 처리가 늦어지는 거 아냐!", "일하러 오는 거야, 아님 인터넷 쇼핑하러 오는 거야?" 하며 고함을 쳤다. 상사의 꾸지람에 그제야 정신이 든 채 대리는 "어머, 지금 잠깐 본 건데요"라고 변명하며 황급히 쇼핑 사이트를 닫아 버렸다.

그 이후로 동료들은 채보라 대리가 업무 시간에 쇼핑 사이트를 클릭하는 것을 보지 못했다. 매주 배달되었던 택배도 더 이상 눈에 띄지 않게 되었다. 김 차장의 꾸지람이 효과가 있었던 것일까? 아니다. 이젠 스마트폰으로 인터넷 쇼핑을 즐긴다. 택배 역시 자주 가던 식당 아주머니에게 받아 달라고 부탁해서 퇴근할 때 찾아간다. '뛰는 놈 위에 나는 놈 있다'라는 말처럼 쇼핑을 하려고만 들면 무슨 수를 써서라도 할 수 있는 것이다.

무분별한 인터넷 쇼핑에서 탈출하기

'신상품은 입고되었나?', '할인 기획전을 놓치면 안 되는데'라는 생각으로 불안하다면 쇼핑 중독일 가능성이 높다. 꼭 필요한 물건이 어느 사이트에서 저렴하게 판매하는지 검색하는 것은 실속파라고 하겠지만, 습관처럼 쇼핑 사이트를 들락거리며 불필요한 물건을 구매한다면 문제가 있다.

- 하루라도 쇼핑 사이트를 클릭하지 않고는 못 배긴다.

- 필요하지도 않은 물건임에도 충동적으로 구매하게 된다.

- 결제하지 못한 물건들로 장바구니가 넘친다.

- 뜯지도 않은 택배 상자가 집에 한가득 쌓여 있다.

- ‘구매하기’ 버튼을 누를 때 쾌감을 느낀다.

- 수입보다 쇼핑으로 인한 지출이 더 크다.

- 카드 명세서를 볼 때마다 후회감이 밀려든다.

위 사항에 하나도 빠짐없이 해당된다면 인터넷 쇼핑에 중독되었다고 할 수 있다. 다른 곳으로 관심을 쏟으려는 노력을 지금 당장 하지 않는다면, 일상생활을 영위하는 데 엄청난 제약이 따를 것이다.

인터넷 쇼핑 중독 증세를 보이는 채보라 대리를 좋게 타이른다고 해서 상황이 나아질 리 만무하다. 김 차장의 꾸지람에 스마트폰으로 눈을 돌리기까지 하지 않았는가. 자신이 인터넷 쇼핑에 중독되었다는 사실을 인정하지 않는 한, 질책하는 사람만 피곤할 뿐이다. 그럴 때는 직장과 쇼핑 중 하나만 택하라고 강한 어조로 설득하는 편이 낫다. 강심장이 아니고서야 쇼핑을 택하겠다고는 말하지 못할 것이다.

업무 시간은 엄연히 월급에 포함된 시간이다. 자신이 누군가에게 월급을 주는 위치라면, 업무 시간을 사적인 용도로 낭비하는 직원을 잠자코 지켜보기 힘들 것이다. 일에 지장을 주지 않을 정도로 하라고 봐주는 것도 한두 번이지, 행동을 고치지 않는다면 직장을 그만두는 게 어떻겠냐고 물을 수밖에 없다. 무언가에 깊이 빠져 있으면 업무에 소홀해지기 때문이다.

수시로 쇼핑 사이트를 들어가야 할 정도로 증세가 심하다면, 물건을 구매하고 싶은 욕구를 억누를 수 있도록 다른 곳으로 주의를 환기시켜야 한다. 업무에 차질을 빚어 피해를 주는 것도 문제지만, 쇼핑 중독증으로 인한 정신적 피폐가 더 큰 화를 불러일으킬 수 있음을 잊어서는 안 된다.

비 온 뒤에 땅이 굳어진다.

- 우리나라 속담

팔을 걷어붙이고 전면에 나서야 직성이 풀리는 여자들이 있다. 능동적인 성격의 소유자라는 인상을 심어 주기도 하지만, 너무 튀면 구설수에 오르내리기도 한다. 차수선 대리처럼 말이다.

128

"아무래도 사전 답사를 가서 철저히 준비하는 것이 낫지 않을까요?"라는 차수선 대리의 말에 "그러면 좋지만, 그곳까지 갔다 오려면 힘들지 않겠어? 워크숍 준비하는 것만 해도 시간이 빠듯할 텐데" 하며 박 과장이 걱정스럽게 묻는다. 부하 직원들은 서로 눈치를 보며 침묵을 고수할 뿐이다. 바쁜 와중에 누가 그 먼 곳까지 다녀온단 말인가. 그런데 박 과장의 말이 떨어지기 무섭게 차수선 대리가 대답한다. "주말에 제가 갔다 올게요. 눈으로 직접 확인해야 마음이 놓이겠어요."

평소 '오지랖 여사'라는 닉네임에 걸맞게 또 일을 벌이기 시작한다. 그런 차 대리의 모습에 동료들의 입에서는 한숨이 새어 나온다. 물귀신처럼 자신들을 엮을 게 뻔하기 때문이다. 아니다 다를까 "안 대리. 같이 가 줄 거지? 남자가 확인해야 할 부분도 있으니까. 최조용 씨는 어때? 어차피 애인도 없어서 주말엔 심심하잖아" 하며 쓸데없는 말을 보탠다. 눈치가 있는 건지 없는 건지 "다들 저 때문에 기분 전환하게 돼서 좋죠?"라며 호들갑까지 떠

니, 안 대리나 최조용 씨는 기가 찰 노릇이다. 상사가 보는 앞에

서 차마 못 간다고 할 수도 없고, 갔다 오자니 짜증이 치미는 것

이다. '미운 놈 떡 하나 더 준다'는 생각으로 마음을 비우려고 해

도 부글부글 화가 끓어오르는 건 어찌할 수가 없다.

타인의 영역을 침범해서는 안 된다

상사 입장에서는 귀찮은 일을 세세히 챙기는 차수선 대리가

마냥 예쁠 것이다. 그러나 동료들에게는 미운 오리 새끼일 뿐이

다. "당연히 갔다 와야죠. 안 그래요?", "제가 준비할게요" 하고 나

서는 것도 모자라 동의를 구하려고 안간힘을 쓰니, "해도 해도

너무한다", "차 대리 때문에 피곤해 죽겠어"라는 푸념이 자동적

으로 나오게 된다.

만일 차수선 대리처럼 무엇이든 직접 나서야 직성이 풀린다면,

조용히 소리 안 나게 혼자 처리하는 것이 동료들과의 적대감을

줄이는 길이다. '정도가 지나침은 미치지 못한 것과 같다'는 말이 있듯, 열정이 너무 넘치면 해가 된다. 차 대리와 비교를 당하는 동료들은 불편하기 짝이 없을 것이다.

적극적인 모습을 보이는 것도 좋지만, 때로는 동료들과 보조를 맞추어 나갈 필요가 있다. 평소 오지랖이 넓다는 소리를 자주 듣는 사람이라면, 자신이 오버해서 행동하지는 않았는지 3초만 생각해 보는 습관을 길러 보자. 이성적인 판단을 내리는 데 분명 도움이 될 것이다.

차수선 대리 같은 여자 때문에 스트레스를 받는다면 "저도 너무 가고 싶은데요. 이번 주말은 가족 모임이 있어서 힘들 것 같아요" 하고 부드럽게 거절해 보자. 한두 번 하다 안 되면 "최조용 씨는 이번 주말에도 일 있지?"라며 포기하고 물귀신이 되지는 않을 것이다.

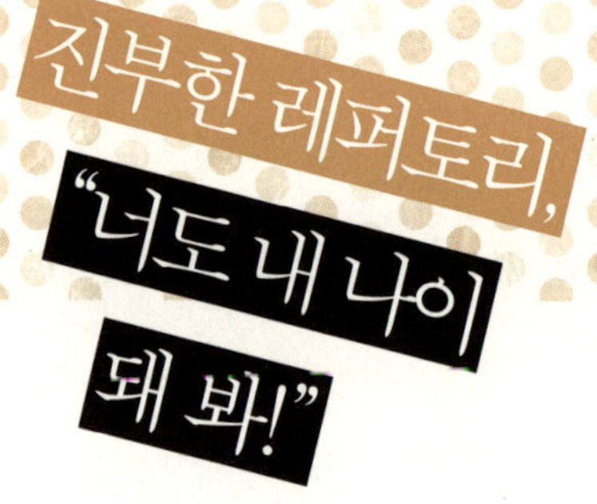

최고의 재테크는 자기 변화이다.

— 혼다 겐

반나이 주임은 후배들에게 툭하면 "너도 내 나이 돼 봐라. 별 수 있나?" 하고 말하는 게 특기다. 후배들이 농담조로 "주임님도 이젠 별 수 없는 아줌마인가 봐요"라고 얘기하면, 정색하며 "너는 뭐 다를 줄 알아?"라고 되받아치기 일쑤다.

퇴근길에 반나이 주임과 지하철을 함께 타게 된 정매너 씨는 창피한 마음에 그냥 내리고 싶었다. 반 주임이 지하철 문이 열리자마자 후다닥 자리에 앉으며, "매너야, 이리 와. 자리 잡았다"라고 소리치는 바람에 옆에 있던 사람들이 '뭐야?' 하는 표정으로 일제히 쳐다봤기 때문이다. 게다가 요즘 물가가 올라서 해 먹을 게 없다는 둥 배가 나와서 바지가 꽉 낀다는 둥 큰 소리로 떠들어 눈살을 찌푸리게 만들었다.

다음 날 정매너 씨는 동료들에게 "어제 반 주임님과 지하철을 탔는데요. 창피해 죽는 줄 알았어요. 완전 한국 아줌마의 전형적인 모습이었다니까요"라며 말을 꺼냈다. 다 같이 웃어넘기자고 한 소리였는데, 그 순간 반나이 주임이 "넌 나이 안 먹고 그대로 있을 것 같지?" 하고 버럭 화를 냈다. 반 주임의 반응에 놀란 정매너 씨가 "주임님. 기분 상하셨어요? 저는 번개처럼 자리에 앉는 주임님 모습이 너무 재미있어서 별 뜻 없이 한 말인데⋯⋯"

하며 사태를 수습하고자 했지만, 머리에 뿔이 있는 대로 나 버린 반 주임의 마음을 풀 수는 없었다. 정매너 씨는 재미로 한 말일지라도 반 주임의 입장에서는 자신을 웃음거리로 만들었다는 생각에 언짢았던 것이다.

나이가 벼슬은 아니다

"너도 내 나이 돼 봐라", "내가 10년 전에는 말이야" 하는 밀들을 쏟아 내기보다 자기 관리에 힘쓰는 게 현명한 처사가 아닐까? '나이로 밀어붙여야지', '나이로 기를 죽여야겠어'라는 다짐은 내세울 거라고는 나이밖에 없다고 스스로 인정하는 것밖에는 안 된다. "이 나이에 무슨", "나이 들면 다 그래" 하는 말은 나이를 더욱 들어 보이게만 할 뿐이다.

더불어 '나이가 들면 사람이 왜 저렇게 변하지?'라며 나쁘게만 평가하는 태도는 금물이다. 사람은 그 상황에 닥쳐 보지 않으면

100퍼센트 공감하기 어렵다. 나 역시 할머님이나 어머님이 "나이가 드니 어린애처럼 변하나 봐", "나이 들면 너도 이렇게 된다" 하고 말할 때면 "나이 들었다고 다 그러나?"라며 반발했던 적이 있었다. 모든 문제를 나이 탓으로만 돌리는 것만 같아 살짝 짜증이 나기도 했다. 그런데 나이가 들고 보니, 왜 그렇게 말했는지 알 듯도 하다. '난 나이 들어도 저렇게 되지 말아야지'라고 자신했던 내가 어리석었다는 사실도 뼈저리게 느꼈다. 살다 보면 자신의 의지대로 할 수 없는 부분도 생겨나기 마련이다.

나이가 원인이라고 자신을 합리화하지 말자. 나이 든 여자들은 이해할 수 없다고 깎아내리지도 말자. 서로의 처지를 보듬어 주며, 있는 그대로의 모습을 봐주려고 노력하자. 그래야만 신경전을 벌이는 일이 줄어들 것이다.

나에게 필요한 것이 남에게는 더 절실할 수도 있다.

– 시드니

대부분의 여자는 머리에서 김이 날 정도로 왕왕 열을 받게 되

면 때와 장소에 상관없이 따지려고 드는 경향이 강하다. 대화를

통해 문제점을 해결하기보다 감정을 앞세워 자신의 주장만 내세

우다 보니, 결국 싸움판으로 번질 때가 많다.

"차가정 씨, 나 좀 봐" 하며 사나운 대리가 팔짱을 끼고 매섭게 노려본다. "무슨 일이신데요?"라며 다가오는 차가정 씨에게 사나운 대리는 자수하기를 바라는 수사관처럼 경직된 분위기를 연출한다. 영문을 모르는 차가정 씨가 가만히 있자, "차가정 씨. 자신이 무슨 잘못을 저질렀는지 아직도 모르겠어?" 하며 심판대에 올려놓는다.

'자백하면 봐줄 게'라는 듯 노려보는 사나운 대리에게 차가정 씨는 순순히 잘못을 인정하기 힘들다. 사나운 대리가 "지난 번 우리 둘이 한 얘기를 발설하면 어떻게 해?"라며 먼저 입을 열자, 그제야 상황이 파악된 차가정 씨는 "그게 왜요? 대리님께서 비밀이라고 안 했잖아요", "그리고 제가 얘기했다고 누가 그래요? 사실 확인도 제대로 하지 않고 사람을 몰아세우는 건 아니죠" 하며 들이댄다.

싸움이라면 지지 않는 차가정 씨의 반격에 그럼이 어떻게 그

려질지는 뻔하다. 사나운 대리와 차가정 씨의 싸움으로 주변 동료들이 서서히 몰려들기 시작할 것이다. 세상에서 가장 재밌는 구경이 싸움 구경이라는 말도 있지 않은가.

승자도 패자도 없는 싸움

상대에게 사과를 받아 내고 싶다면 이성적으로 마주해야 한다. 감정을 조절하면서 차분히 대화를 이끌어 가는 편이 자신의 목표를 달성하고 체면을 구기지 않는 방법이다. 감정적으로 대응하면 자신을 우습게 본다는 생각에 앞뒤 안 가리고 들이댈 수 있다. 차가정 씨가 사나운 대리에게 한 것처럼 말이다. 그럼 사과를 받아 내려 한 것이 오히려 사과해야 하는 입장으로 전세가 역전될지도 모른다.

상대가 노려보며 따지려고 들면 잘못한 점이 있어도 순순히 인정하고 싶지 않은 게 사람 마음이다. 하지만, "뭐예요?", "지금 말

다했어요?”라는 식으로 흥분하면 자신도 똑같은 사람이라고 인정하는 것밖에는 안 된다. 분풀이가 오히려 독이 된다는 점을 명심해야 한다. 마음의 상처뿐 아니라, 육체적으로 해를 입을 수도 있다.

진흙탕에서 뒹구는 모습을 연출하지 않으려면 이성적으로 침착하게 대응하는 것만이 상책이다. 자신의 이미지를 손상시키지 않고, 싸움에서도 이기는 일석이조의 효과를 맛볼 수 있을 것이다.

열 길 물속은 알아도 한 길 사람의 속은 모른다.

— 우리나라 속담

"오늘은 중간에 도망가기 없기. 자, 건배!"

먼저 들어가겠다는 소리도 없이 도망가는 직원들 탓에 박대포

이사는 기분이 영 마뜩잖을 때가 많다. 여러 사람과 함께 어울리

는 것을 좋아하는 박 이사로서는 회식 자리에서 선전포고하듯 결속을 다져야 속이 시원하다.

"자, 2차는 노래방"이라는 박 이사의 멘트에 도도녀 씨는 "이사님, 제가 제일 깨끗하고 큰 방으로 잡아 놓겠습니다" 하며 황급히 짐을 챙겨 일어난다. "좋아. 그런데 도도녀 씨! 또 도망가는 거 아니지?"라는 박 이사의 말을 뒤로하고 노래방으로 전화를 걸어 예약한 다음, 동료들에게 알려 준다. 마지막까지 자신의 임무를 다했다는 걸 확인한 도도녀 씨는 박 이사에게 잡힐까 두려워 쏜살같이 도망가 버린다.

노래방에 도착해서야 도도녀 씨가 도망갔다는 사실을 안 동료들은 "오늘은 단합하기로 했잖아", "오늘은 우리 팀 목표 초과 달성 기념 회식인데, 끝까지 참석해 주면 덧나나?", "이건 좀 너무한 거 아냐? 송 대리, 뭐하는 거야? 부하 직원 관리도 제대로 안 하고" 등 저마다 한마디씩 거든다. 2차에 가면 으레 먼저 자리를 떠났던 이 주임은 "분위기가 무르익을 때 없어지면 모를 텐데"라

며 짜증을 낸다. 결국 즐거웠던 회식 분위기는 도도녀 씨의 단독

행동으로 싹 가라앉는다.

그때 "이사님, 간 사람은 신경 쓰지 말고 저희끼리 재미있게

놀아요. 제가 분위기 바꿔 볼게요" 하며 천상녀 대리가 마이크

를 잡는다. 천 대리의 제안에 마지막 열정을 불태우자며 박대포

이사는 기분을 추스르고, 분위기는 이내 흥겨워진다. 남아 있는

사람들은 천상녀 대리 덕분에 회식을 좋게 마무리할 수 있었다

고 고마워한다.

회식도 업무의 연장일 수 있다

회식 자리에서 습관적으로 도망가면, '화합할 줄 모르는 여자',

'사기를 떨어뜨리는 적군'이라는 인상을 남겨 인사 고과에 불이

익을 받을지도 모른다. 단합이나 사기 진작을 위해 모인 회식 자

리는 업무의 연장선 위에 있기 때문이다.

　결속을 도모하는 회식 자리라면 '바람과 함께 사라지다'의 제목을 만들지 않도록 해야 한다. 사회생활을 하다 보면 싫어도 기꺼이 참여해야 할 때가 있는 것이다. 분위기 메이커가 될 자신이 없더라도 분위기와 사기를 떨어뜨리는 사람은 되지 말아야 한다. 결속을 위한 자리에 한 명이라도 빠지게 되면 상사 입장에서는 김빠질 수도 있다. 특히 술을 좋아하고 단합을 부르짖는 상사라면 더욱 그렇다. 즐거워야 할 회식 분위기를 망친다고 쓴소리를 마구 날릴 게 분명하다.

　회식 자리에서 '도망가는 여자'라는 이미지를 굳히지 말자. 목표 달성을 축하하는 자리라면 끝까지 남아 파이팅을 외쳐 주자. 조직 생활에서는 싫은 자리일지라도 내색하지 말고 동화될 줄 아는 센스가 필요하다. 일을 잘하는 것 못지않게 인간관계도 중요하다는 사실, 잊지 말자.

절약과 궁상은 한 끗 차이다

남의 돈에는 날카로운 이빨이 돋아 있다.

— 러시아 속담

서절약 씨는 밥값은 당연히 남자 상사가 계산해야 한다고 생

각하는지 툭하면 계산서를 남자 상사 쪽으로 들이민다. 자신의

돈은 단 돈 일 원도 손해를 볼 수 없다고 따지면서 남의 돈은 아

까운 줄 모르는 모습에 같은 여자가 봐도 얄미울 때가 한두 번이 아니다. "서절약 씨 밥값은 서절약 씨가 계산하지"라고 직설적으로 말하자니, 치사해 보일 수도 있다는 생각에 "내가 낼게" 하며 서절약 씨의 밥값까지 계산할 수밖에 없다. 그럼 "커피는 제가 살게요"라고 나서면 덜 미울 텐데 "잘 먹었습니다"라는 인사말만 남기고 사무실로 쏙 들어가 버린다. 사 주는 사람 입장에서는 그저 황당할 뿐이다.

반면에 늘 더치페이를 외치는 박합리 대리는 법인 카드로 계산하는 회식 자리를 제외하고는 더치페이를 부르짖는다. 입만 갖고 나오는 서절약 씨에 비하면 덜 부담스러우나, 지나치다 싶을 정도로 더치페이를 주장하니 인간미가 없어 보일 때가 많다. 한 번쯤은 "오늘은 제가 내죠"라고 하면 괜찮은데 승진 축하 자리도, 생일에도 늘 더치페이다. 베풀 줄 모르는 건지 자신의 것 외에는 돈 쓰기를 싫어하는지 알 수가 없으니, 동료들은 그냥 그러려니 참고 넘어간다.

때와 장소에 따른 '돈 내기' 원칙을 만들 것

입만 갖고 다니는 서절약 씨를 미워하며, 밥 먹을 때는 데리고 가고 싶지 않다고 생각만 하면 상황은 달라지지 않는다. 미워한다고 해서 짠순이 서절약 씨가 바뀌지는 않을 테니 말이다. 차라리 '앞으로는 밥값은 각자가 알아서 내자'는 식으로 원칙을 만드는 편이 좋다. 원칙을 지키기 위해서라도 밥값은 자신이 내려고 할 것이다.

박합리 대리 역시 마찬가지다. 더치페이가 쓸데없는 지출을 막아 주어 합리적일 수 있지만, 사회생활을 하다 보면 얻어먹게 되는 날도 있기 마련이다. 그럴 경우에는 "내가 쏠게" 하며 한 번씩 돌아가면서 사도록 분위기를 조성해야 한다. 분위기에 휩쓸려서 자신이 살 수밖에 없도록 하는 것이다. 한두 번 보고 끝나는 사이가 아니라면, 베풀 줄도 알아야 한다고 깨우쳐 주어야 한다. 사회는 혼자만 살아가는 곳이 아닌, 더불어 살아가는 곳이기 때문이다.

얻어먹으면 한 번은 사는 게 인지상정이다. 한두 번도 아니고 늘 입만 갖고 다니는 여자에게는 누구든 다시는 사 주고 싶지 않은 법이다. 가족이라면 모를까 커피 한 잔 값도 벌벌 떨며 자린고비처럼 구는 모습을 무조건적으로 이해해 주기란 어렵다.

습관이란 인간으로 하여금 어떤 일이든지 하게 만든다.

– 도스토예프스키

연정녀 씨는 식당에 가면 테이블을 냅킨으로 훔쳐 내고, 수저를 가지런히 세팅한다. 식사가 나오면 각자 즐기는 반찬들을 앞으로 가져다 놓으며, 연장자 순으로 먹음직스럽게 담아 건넨다.

그뿐인가. 식사가 끝나면 셀프 서비스인 커피까지 준비해 한 잔씩 돌린다. 연정녀 씨의 태도에 함께 식사하는 동료들은 마음이 흐뭇하다. 정 과장은 "우리를 세심히 챙겨 주는 연정녀씨 밥값은 오늘 내가 계산한다"라며 2인분을 계산하는 것도 마다하지 않는다. 연정녀 씨는 박 과장의 대접에 보답이라도 하듯 "감사합니다. 잘 먹었습니다"라는 인사를 건네 미소를 짓게 만든다.

양새침 씨는 연정녀 씨와는 180도 다른 모습을 보인다. 자신의 수저만 세팅하는 것도 모자라, 맛있는 음식은 무조건 자기 앞으로 가져다 놓는다. 식사 후에는 커피도 자신의 것만 뽑아 와 홀짝거린다. 간혹 기분이 괜찮은 날이면 커피 두 잔을 뽑아 가장 좋아하는 사람에게만 "오늘은 특별 서비스예요" 하며 전달한다. 누군가 "양새침 씨, 기왕 뽑는 거 다 돌리지. 지금 사람 차별하는 거예요?"라고 투정을 부리면 "손이 두 개인데 어떻게 다 들고 와요. 더군다나 뜨거운 것을요"라며 오히려 불평을 터뜨린다. 양새침 씨의 얌체 같은 행동에 동료들은 함께 밥을 먹기가 싫어질 정

도다. 떼어 놓고 가려고 해도 "오늘은 어디서 식사할 거예요?" 하

며 다가오니, 환장할 노릇이다.

사소한 일 하나까지 챙기는 모습은 긴 여운을 남긴다

여자이기에 챙겨 주라는 말이 아니다. 남자들도 마찬가지다. 친절하게 챙겨 주는 남자를 보면 기분이 좋아지지 않은가. 타인을 배려하는 모습은 좋은 인상을 심어 주어 긴 여운을 남긴다. 한두 번의 만남으로 끝날 때도 말이다. 하지만, 누군가 챙겨 주는 것을 당연하다는 듯 받아들이며, 이기적으로 행동하면 씻을 수 없는 앙금만 남는다.

양새침 씨를 '이해할 수 없다', '밉다'해 보았자 자신의 속만 더 부룩해질 뿐이다. '여자가 왜 저럴까?' 하는 생각 또한 아무런 도움이 되지 않는다. 차라리 "양새침 씨. 앞에 있는 수저통에서 수저 좀 꺼내요. 내가 물 돌릴 테니"라며 같이 서비스하도록 분위

기를 유도하는 편이 낫다. 어쩌면 누군가 먼저 챙기는 바람에 자신이 나설 타이밍을 놓쳤을 가능성도 있다.

양새침 씨가 수저를 건네면 "고마워"라는 인사로 훈훈함을 선사하는 것도 잊지 말자. 당연하다는 듯 받으면 기분이 상해 매너 없는 여자로 되돌아갈 수 있다. 아름다운 사람은 타인을 배려하는 매너를 갖춘 사람이라는 사실을 일깨우기 위해서는 넓은 아량이 뒷받침되어야 한다.

가장 적은 욕심을 갖고 있기 때문에 나는 신에 가까운 것이다.

– 소크라테스

요즘은 시대가 변해 여자들에게 커피 심부름을 잘못 시켰다가

는 남녀 차별이라며 혼쭐이 난다. 하지만, 잔심부름은 여자들의

몫이라는 구시대적인 생각을 가지고 있는 기성세대 상사들은 여

전히 "커피 한 잔"이라는 주문을 거리낌 없이 내뱉는다.

"김소심 씨, 나 모닝커피 한 잔"이라는 윤 부장의 주문에 "나도", "난 설탕만 넣고"라며 자신의 취향까지 고려한 주문이 여기저기서 들려온다. 그 순간 같은 여자인 채향기 주임이 "난 원두커피!"라며 큰 소리로 외친다. "각자 취향대로 알아서 타 먹기", "이젠 남자들이 커피 서비스하기"를 외쳐 주지는 못할망정 "인스턴트커피는 텁텁해. 난 원두로 내려 줘요"라고 주문하니, 김소심 씨는 '콩' 하고 한 대 쥐어박고 싶은 충동에 휩싸인다. 윤 부장보다 채향기 대리가 백배는 미운 것이다. 같은 여자로서 꼭 여자를 부려 먹어야 속이 후련한 것인지 아무리 생각해도 이해가 되지 않는다. 게다가 커피를 내려 주면 "오늘은 물을 잘못 맞추었네?" 하며 타박까지 하니, "본인이 알아서 타 드시든가요"라는 말이 목구멍에서 간질간질한다.

여직원들을 상담하다 보면 자주 나오는 질문이 있다. 바로 "왜 커피는 여자들이 타야 하나요?", "복사 심부름은 필요한 사람이 하면 되지 여자들에게 꼭 시켜야 하나요?", "잔심부름을 시키면 짜증이 치밀어 올라요. 이럴 땐 어떻게 대응하면 되죠?"라는 질문이다. 그러면 나는 "잡무는 여자들의 몫이라는 인식이 만연한 곳이라면 일인 시위를 하듯 '왜 이런 걸 여자들에게만 시키느냐'라고 불만을 토로해 보았자, 자신만 힘들어질 뿐입니다. 그만두지 않고 계속 일을 해야 한다면 말이죠. 바꿀 수 없는 조직 문화라면 차라리 즐기는 편이 자신의 정신 건강을 위해서 나아요"라고 대답해 준다.

직급에 따라, 조직의 분위기에 따라 여자들이 커피를 타야 할 수도 있다. 그런 상황에서 "왜 나한테만", "내가 커피 타러 직장을 다니나?"라는 발언은 오히려 자신을 초라하게 만든다는 사실을 알아야 한다. 달리 생각해 보면 남녀를 떠나 동료들에게 커피 한 잔 돌릴 수도 있는 일 아닌가. 흔쾌히 커피 주문을 받아들이는 모습은 배려의 향기를 내뿜어 하찮은 일도 솔선수범하는 여자라는 인상을 심어 줄 게 분명하다.

또한, 말단 직원일지라도 "커피 한 잔"이라고 명령하듯 주문하면 서로 간에 감정만 상할 뿐이다. "미안한데 김소심 씨, 나 커피 한 잔 부탁해요"라며 부드럽게 청해 보자. 커피를 받는 순간에도 "거기에다 놔" 하며 고압적인 태도는 절대 보여 주어서는 안 된다. "고마워. 난 소심 씨가 타는 커피가 제일 맛있더라" 하는 식으로 칭찬을 덧붙여 주어야 한다. 그러면 귀찮을지라도 군말 없이 커피를 타다 줄 것이다.

어차피 해야 한다면 능동적으로 행동하는 것이 자신의 이미지를 위해서도 좋다. '미운 놈 떡 하나 더 준다'는 생각으로 취향대로 갖다 주는 편이 자신을 덜 피곤하게 만드는 길이라는 사실, 명심하자.

밝은 성격은 재산보다 더 소중하다.

− 카네기

시계를 들여다보지 않아도 변개조 씨를 보면 퇴근 시간이 임

박해 왔음을 알 수 있다. 퇴근하기 20분 전부터 화장을 하고 가

방을 정리하는 것이 변개조 씨의 스타일이다. 처음에는 '중요한

약속이 있나 보지'라고 생각했지만, 늘 철저하게 퇴근 준비를 하는 모습이 얄밉기 그지없다. 늦잠을 잤다며 부스스한 모습으로 출근한 날에도 퇴근 20분 전부터 때 빼고 광내느라 업무는 뒷전일 때가 부지기수다.

퇴근 후에 투잡을 하는 게 아닌지 의심이 드는 변개조 씨에게 "변개조 씨, 아직 20분이나 남았는데 뭐가 그리 바빠? 변개조 씨가 퇴근 시계라고 해도 되겠어", "오전에 지시한 업무는 다 끝냈어? 정리는 다하고 몸단장하는 거지?" 하며 전번개 대리가 기어코 한마디 던진다. 그러자 상사의 질책에 기분이 상할 대로 상한 변개조 씨는 "네, 오늘 할 일은 다 했어요. 일 다 끝내고 퇴근 준비하는 건데요"라며 퉁명스럽게 대꾸한다. 전번개 대리가 자신을 붙잡아 둔다는 식으로 맞대응하며, 6시 정각에 눈길 한 번 주지 않고 신경질적으로 나가 버리기까지 한다.

전번개 대리는 상사에게 들이대듯 하는 변개조 씨의 모습에 화가 치민다. 자신을 우습게 보는 것만 같아 군기를 잡아야겠다고 다짐한다. 자신을 무시하는 듯 행동하는 변개조 씨에게 상사로서 본때를 보여 주겠다는 심산으로 5시경에 일부러 일거리를 맡긴다. "변개조 씨. 이거 급한 사항이니, 오늘 안에 끝내 줘야 해"라는 말로 퇴근 시간까지 맞추기는 힘들 듯하다는 언질까지 주면서 말이다.

처음에 변개조 씨는 "네, 휴" 하며 퇴근 시간에 쫓기듯 급하게 업무를 마무리 짓고는 6시가 조금 넘자 인사말도 없이 퇴근해 버렸다. 퇴근 시간에 일을 시키는 전번개 대리에게 무언의 반항을 한 것이다. 그러다 "대리님! 이제껏 아무 말 없으시다 퇴근 무렵이 돼서 업무를 지시하는 이유가 뭐죠?", "대리님 저한테 뭐 불만 있으세요? 전 출퇴근 시간은 정확해야 한다고 생각합니다"라며 전번개 대리에게 회심의 한 방을 날렸다.

전번개 대리도 매번 퇴근 시간이 가까워 올 때 일을 시키는 자신의 모습이 변개조 씨 입장에서는 미울 거라고 예상했다. 하지만, 퇴근 준비를 요란하게 하는 변개조 씨가 눈엣가시처럼 못마

땅하니 어쩔 도리가 없었다. 요즘 젊은 사람들이 자기중심적인 사고방식을 가졌다고 이해하는 것도 한계가 있는 법이다. 바다와 같이 넓은 이해심을 가진 상사라도 말이다.

5시경만 되면 전번개 대리가 "변개조 씨" 하고 부르는 통에 변개조 씨는 "대리님, 지금 또 일을 주시려는 건가요?" 하며 선제공격을 가한다. 업무를 지시하는 게 아니고 물어볼 게 있어 불렀음에도 상사에게 대들려고 하는 것이다. 결국 두 사람은 조율할 수 없는 사이로 전락해 버렸다. 팽팽한 줄다리기를 일삼으며, 신경전을 벌이는 데 에너지를 낭비할 뿐이다.

의무를 다해야 자신의 권리를 주장할 수 있다

출퇴근 시간은 지켜야 한다는 변개조 씨의 주장이 틀린 것은 아니다. 다만, 혼자 일하는 것이 아닌 직장 상사가 수두룩한 조직 생활에서는 유난스럽게 합리화하는 태도는 보이지 말아야 한다.

신경전은 서로를 힘들게만 할 뿐, 아무런 도움이 되지 못한다. 감정적 대응보다는 "대리님, 전 출퇴근 시간은 정확했으면 좋겠어요. 시키실 일이 있으면 미리 말씀해 주세요. 퇴근 시간에 임박해서 일을 주시면 불편해요"라며 부드럽게 말하는 편이 현명하다. 업무 시간에 부랴부랴 퇴근 준비를 하는 부하 직원에게도 마찬가지다. "업무 시간에 준비할 수밖에 없다면 티 안 나게 행동하는 게 좋겠어. 다른 동료들에게 피해를 줄 수도 있잖아"라며 설득하는 게 효과적이다.

퇴근 후 약속이 잡혀 있다면 미리 준비할 수도 있다. 그러나 업무 시간을 이용해 치장하려고 한다면 칼퇴근을 주장하기에는 다소 어려움이 따른다. 상사에게는 얄미운 눈엣가시로 밖에 안 보일 테니 말이다. 어쩌면 전번개 대리처럼 정신 개조를 시켜 보겠다고 나올지도 모를 일이다.

칼퇴근하고 싶다면 누가 뭐라고 딴죽을 걸 수 없을 만큼 자신을 철저히 관리하려는 노력을 해야 한다. 그래야만 당

당히 칼퇴근을 외칠 수 있을 것이다. 업무 시간에는 업무만 열

심히 하려는 모습을 보여야 한다는 사실, 잊지 말자.

Part 4.
연장전
멀리 하고 싶은 여자 vs.
가까이하고 싶은 여자

노여움에서 때때로 큰 재난이 생긴다.

– 이솝

"도대체 왜 이렇게 한 거야?"

"아, 내가 미쳐."

푸념하는 것인지 울분을 토하는 것인지 주변 사람들에게 불안과 불편을 전달하는 여자들이 있다. 직급이 상승되어 부하 직원이 늘어나면 짜증은 더욱 증폭된다. 만일 결혼하지 못한 '노처녀'라는 타이틀까지 달고 있다면, 시집 못 간 히스테리를 부하 직원에게 푼다는 말이 나오기도 한다. 크게 화낼 일도 아닌데 "왜 이렇게 된 거야?" 하며 울부짖듯 감정을 표출하니, 부하 직원들이 주눅이 드는 것은 당연하다.

"큰소리로 화낼 일이 아닌 듯한데요"라고 하면 '내가 너무 심했나?' 하며 감정을 추스르기는커녕 "뭐라고? 그럼 이게 그냥 덮어 둘 일이야?"라며 맞받아쳐, 주변 사람들은 초긴장 상태가 된다. 정말 화가 나서 그럴 수도 있지만, 이유가 불분명한 질책을 이해하기란 쉽지 않다. 한두 번도 아니고 반복적으로 나타나는 히스테릭한 모습을 어느 누가 포용해 주겠는가. 가족들도 본다면 힘들어할 게 뻔하다.

하폭염 과장은 한번 화가 나면 "미쳐, 내가 미쳐"를 하루 종일 반복한다. 하 과장의 모습에 부하 직원들은 좌불안석이다. 무슨 안 좋은 일이 있었던 것은 아닌지, 바이오리듬이 다운된 것은 아닌지 눈치를 보며 비위를 맞추기 위해 안간힘을 쓴다. 자신의 화가 풀리기 전까지는 "미쳐, 내가 미쳐"는 멈추지 않으리라는 점을 잘 아는 까닭이다.

한조용 과장은 하폭염 과장처럼 "아, 미쳐"하며 발광적인 표현을 하지는 않지만, 기분이 나쁘면 입에 자물쇠를 채운 듯 닫아 버리기 일쑤다. 불만이 있으면 말하지 않는 것이 한조용 과장의 주특기다. "왜 나한테 말을 안 하고 갔다 온 거지?", "나한테 뭐 숨기는 거 있어?" 하며 솔직하게 물어보면 풀어질 수도 있는 일임에도 눈길도 안 주며 말문을 닫아 버리니, 부하 직원들은 답답해 미칠 지경이다.

"우리가 말하지 않아서 삐쳤나 봐"라며 수군거리기만 할 뿐, 어느 누구도 "과장님 저희가 말을 안 한 것은……" 하며 나서려고 하지 않는다. "과장님. 저희가 속이려는 게 아니라요"라며 말을 붙여 봐도 본체만체 무시하는 통에 아예 대응조차 꺼려진다. 어

차피 한 과장의 기분이 풀리면 다시 아무렇지 않게 말을 붙이니,
그때까지 가만히 있는 게 상책이다.

상사를 공부하다

스스로 생각해도 주변 사람들을 힘들게 한 경험이 많다면 마음을 다스리는 연습을 통해 성격을 개조할 필요가 있다. 주변에서 성격에 문제가 있다는 사실을 조심스럽게 전해 주었다면, 한 번쯤은 자신을 되돌아봐야 한다. 폭발하듯, 혹은 말문을 닫아 버리며 대응하면 결국 자신에게 불리한 방향으로 상황은 전개될 게 분명하다. 가족들도 이해하기 힘든 성격을 남들이 이해해 주기란 어려운 법이다.

"아, 미쳐" 하며 자신의 머리까지 쥐어짜듯 하는 상사가 옆에 있다면 사운드를 낮추려 안간힘을 써 보았자, 소리만 키우는 역효과를 불러일으킬 수 있다. 이런 성향의 여자들에겐 "그게 아니

고요", "왜 감정부터 내세우세요?"라며 맞받아쳤다가는 화산 폭발이 더욱 빠르게 진행되는 격이 되고 만다. 차라리 "네, 다시 정리해 보겠습니다", "자세히 알아보겠습니다" 하며 마음을 진정시키는 편이 나은 방법이다. 시간이 지나면 자신이 심하게 행동했다고 깨닫게 될 것이다.

말문을 닫아 버리는 '삐침이' 한조용 과장처럼 스스로 자물쇠를 풀어 버리는 단순 세포를 가진 여자라면 그냥 뇌두는 편이 좋다. 단, 부하 직원이 기분을 달래 주는 것을 즐기는 상사라면 혼자 풀어질 때까지 내버려 두는 방법은 최악의 결과를 낳을 수도 있음을 알아야 한다. 먼저 다가오지 않는 부하 직원이 괘씸해 투명인간 취급을 할 수도 있다. 그럴 때는 저 때문에 기분 상하셨죠? 기분 좀 나아지실 수 있게 제가 커피 맛있게 타 봤어요" 하며 너스레를 떠는 것이 적이 되지 않는 길이다.

꾸지람 한 번에 눈물이 주룩주룩

친구는 기쁨을 두 배로 늘려 주고, 슬픔은 반으로 줄여 준다.

— 실러

이평강 씨는 상사의 꾸지람에 눈물부터 쏟아 내기 일쑤다. "이
평강 씨, 분명 이렇게 하면 안 된다고 일러둔 것으로 아는데", "이
평강 씨, 거래처에 연락해 주라고 아침에 이야기했는데 아직도

안 한 거야? 담당자가 까다로우니 신경 쓰라고 내가 몇 번을 일렀어?"라는 최 과장에 물음에 "그게요……" 하며 말을 잇지도 못하고 닭똥 같은 눈물을 주룩주룩 흘린다.

당황한 최 과장은 "아니, 내가 때리기라도 했어? 잘못된 점을 지적하는 데 울긴 왜 울어?", "누가 보면 내가 괜한 트집을 잡아 야단이라도 치는 줄 알겠네" 하며 어쩔 줄을 모른다. 주변 동료들은 이평강 씨가 울 정도로 심하게 꾸짖는 최 과장이 너무하다며 시선을 피할 뿐이다. 본의 아니게 피도 눈물도 없는 야속한 상사라는 낙인이 찍힌 최 과장은 미칠 노릇이다. 정말 심하게 야단이라도 쳤으면 큰일 날 뻔하지 않았는가.

울면 모든 게 자신의 의도대로 이루어진다고 생각하는 것인지, 남자는 여자의 눈물에 약하다고 믿는 것인지, 속상함에 눈물부터 흘리는 게 습관이 된 것인지 알 수는 없지만, 어떤 이유에서든 직장에서 눈물을 보이는 여자는 좋은 평가를 받기 힘들다. 응석을 부리듯 눈물부터 쏟아 내는 이평강 씨에게 '공과 사를 구별하지 못하는 여자', '잘못을 반성하기는커녕 눈물로 무마해 버리는 여자'라는 부정적인 꼬리표가 따라붙을 것이다. 아예 눈물을 흘리지 못하도록 상사가 먼저 "왜 또 울려고?", "우는 게 잘못을 인정하는 거야? 아니면 억울하다는 거야?" 하며 선수를 칠지도 모를 일이다.

눈물로 감정을 표출하지 마라

남자는 여자의 눈물에 약하다고 착각하는 여자들은 여자 상사가 꾸중할 때는 눈을 부라리면서 남자 상사 앞에서만 연약한 척 눈물을 흘리기도 한다. 여자 상사에게는 조목조목 이유를 들어가며 자신이 잘못하지 않았다고 따지면서 남자 상사 앞에서는 악어의 눈물을 쏟아 내는 것이다(악어는 자식을 잡아먹으며 눈물을 흘린다고 한다). 이런 여자들은 같은 여자가 봐도 가증스럽기 짝이 없다.

의도적으로 눈물을 앞세워 감성에 호소하는 여자가 아니라면,

단순히 눈물을 흘리지 못하도록 야단을 치는 것만으로는 문제가 해결되지 않는다. 잘못된 점은 스스로 고치려는 노력이 수반되어야 한다. 더욱이 평소 늘 풀이 죽어 있고 목소리도 작아 자신감이 없어 보이는 여자에게 큰 목소리로 꾸중하면 귀담으려고 하지 않을 게 분명하다. 앞을 볼 수 없을 만큼 쏟아지는 눈물 때문에 말이다. 그럴 때는 일단 잘못된 점을 지적해 주고 감정을 추스른 후에 다시 이야기하자며, 시간을 주는 게 현명한 방법이다.

어렸을 때 부모님에게 꾸지람을 들으면 크게 '조목조목 자신의 의견을 말하는 아이', '눈물을 글썽이다 엉엉 소리 내어 우는 아이', '무표정으로 멀뚱멀뚱 딴 곳만 응시하는 아이', '잘못을 빌며 바로 꼬리를 내리는 아이'로 나뉜다. 아이를 키워 보거나, 어린 조카들을 가까이서 봐 온 여자라면 네 가지 유형의 아이 중 누구에게 매를 들지 않게 될까? 일단 잘못을 빌고 꼬리를 내리는 아이에게는 매를 들지 못한다. 첫 번째와 세 번째 아이에겐 약이 올라 매를 들지 않는 부모라도 매를 찾게 된다. 마지막으로 우는 아이에겐 울분이 치밀어 더욱 화를 내게 될 수도 있다.

운다고 해서 잘못이 없던 일이 되지는 않는다. 오히려 "눈물 그치고 다시 얘기하자"라며 앙금만 쌓이는 역효과만 불러일으키게 될 확률이 높다. 따라서 감정에 호소할 것이 아니라, 이성적으로 차분히 상황을 전개시키는 게 좋다. 눈물부터 보이는 자신이 민망해서라도 잘못된 습관을 고치게 될 것이다.

친구를 고르는 데는 천천히, 친구를 바꾸는 데는 더욱 천천히.

– 벤저민 프랭클린

서라인 팀장은 운동 중독증에 걸린 여자라고 해도 과언이 아

니다. 어떤 일이 있어도 운동은 해야 한다는 철칙을 세운 듯, 운

동을 거르는 날이 단 하루도 없다. 덕분에 군살 없는 몸매를 자

랑하는 서 팀장은 같은 여자들에게 부러움의 대상이다. 단 한 가지, 지나치게 몸매를 강조하여 주변 동료들을 민망하게 만든다는 점을 제외하면 말이다.

몸매가 드러나는 옷을 입은 날이면 남자 직원들은 시선을 어디에 두어야 할지 난감하다. 같은 여자가 봐도 패션쇼를 하러 오는 건지, 일하러 오는 건지 분간이 안 될 정도로 한심해 보일 때가 종종 있다. '몸매'라는 자신의 장점을 극대화하느라 '사회성이 결여된 여자'라는 이미지를 스스로 부여하고 만 것이다.

그뿐인가. 살집이 있는 여자들에게 "몸매에 신경 좀 써야겠다. 다이어트는 통 안 하고 사나 봐?"라는 식의 말을 거리낌 없이 내뱉어 상처를 주기 일쑤다. 많이 먹지 않아도 살이 잘 찌는 체질이거나, 운동해도 체중이 줄지 않는 여자들에겐 다이어트가 보통 어려운 과제가 아니라는 사실을 전혀 헤아려 주지 않는다.

결국 서 팀장의 몸매를 부러워하던 여자 동료들은 서 팀장만 나타나면 시선을 피하려고 든다. 잘난 척하는 소리를 듣고 있자니, 속이 뒤틀리는 것이다. "몸매 관리를 어쩜 그렇게 잘하세요?" 하며 우러러보던 눈길은 순식간에 원망의 눈길로 변해 버린다.

내면의 아름다움을 가꾸는 게 먼저다

서라인 팀장에게는 과하게 드러내지 않는 자신감이 아름다움을 살린다는 사실을 일깨워 줄 필요가 있다. 다른 사람에게 불편을 끼치는 옷차림은 마이너스로 작용한다는 점을 알려 주어야 한다. 단, 비꼬는 듯하는 말투는 삼간다. 강한 자부심으로 몸매를 보여 주고 싶은 서 팀장은 자신을 시기한다고 오해하여 자만심의 극치를 달릴 수도 있다.

부하 직원이라면 서라인 팀장에게 더더욱 조언을 해서는 안 된다. 자칫 잘못하면 미운털이 박혀 "너무 많이 먹으니까 살이 찌지", "천천히 먹어. 급하게 먹으니까 살이 찌는 거야", "하루에 인스턴트커피를 몇 잔이나 마시는 거야? 한 잔에 칼로리가 얼마나 되는 줄 알아?" 등의 폭언을 들어야 할지도 모른다.

상사 역시 마찬가지다. 가급적이면 "옷이 너무 과해 보여"라는 식의 직설적 표현은 자제한다. 조언이 아닌 질투심에 눈이 멀어 그런다고 생각하여 보란 듯이 몸매를 강조한 옷을 입으려고 들 수도 있다. "서라인 팀장은 대단해. 그런 몸매를 만들기 위해 얼마나 많은 노력을 쏟았겠어. 그런데 직장에서는 조금 민망해 보이는 옷은 자제하면 어떨까?"라고 우회적으로 표현하는 것이 서로가 원수가 되지 않는 길이다. 생각이 있다면 상사의 말을 알아들을 것이고, 개념이 없다면 자신의 스타일을 고수할 것이다.

악행은 덕행보다 언제나 더 쉽다. 모든 것에 지름길로 가기 때문이다.

– S. 존슨

학창 시절 여자들은 단짝을 마음이 통하는 특별한 한 명의 친

구로 인식한다. 화장실도 같이 가고, 매점도 같이 다니는 늘 붙

어 다니는 단짝이 반이 갈리면서 다른 친구를 사귀면 '의절'이라

179

는 집행이 이루어지기도 한다. 남자들은 단짝이 사귄 친구들과
도 친해져 의리 조직을 만들기도 하는데 반해, 여자들은 단짝에
게 생긴 친구를 인정하지 못하는 경향이 강하다.

사회에 나와서도 여자들의 성향은 변함이 없다. 직장 생활의
고단함을 토로하며 단짝처럼 지내다 한 명이 더 합류하게 되면
관계는 삐거덕거리기 시작한다.

"오늘은 배탈이 나 점심을 먹을 수가 없어"라는 장빛나 대리의
말에 "굶으면 힘이 떨어져서 안 돼요. 어떻게 오후를 버티려고요.
제가 나가서 죽 사 올게요. 사무실에서 같이 먹어요" 하며 김주리
씨는 살뜰히 챙긴다. 그런데 차미소 씨가 신입 직원으로 들어오
고 나서 상황은 180도 달라진다. "오늘은 소화가 안 돼"라는 장빛
나 대리의 말에 김주리 씨는 "대리님, 미소 씨 하고 밥 먹고 들어
오면서 죽 하나 사다드려요?" 하며 거리를 둔다.

배가 아파 죽상이 돼 있는 자신은 아랑곳하지 않고 깔깔거리
며 웃고 들어오는 모습에 장빛나 대리는 차미소 씨보다 김주리

씨가 더 얄밉다. '눈에는 눈, 이에는 이'라고 "차미소 씨는 늘 밝고 예의가 바른 것 같아", "차미소 씨는 일 처리가 참 신속하고 정확해"라며 김주리 씨 보란 듯이 차미소 씨를 칭찬한다. 내 편으로 만들기 위해서는 어쩔 수 없는 것이다. 그렇게 되면 장빛나 대리와 김주리 씨의 관계에 낀 차미소 씨는 어느 쪽 편을 들어야 하는 건지 난감하다. 결국 나중에는 세 사람 모두 거리를 두며 신경전을 벌이는 광경이 연출된다.

오해가 깊어지면 불신의 싹이 자라난다

여자 셋이 모여 이야기할 때는 한 명의 편을 들어 다른 한 명이 소외감을 느끼는 일이 없도록 조심해야 한다. 만약 장빛나 대리가 차미소 씨에게 속삭이듯 무언가 말하는 모습을 김주리 씨가 목격하게 되었다면, 어떤 일이 벌어질까? 김주리 씨는 '둘이서 내 얘기를 하나?'라고 오해하여 두 사람을 믿지 못하게 될 수도 있다. 오해는 불신과 배신감이라는 부정적인 감정을 야기하여 관계를 와해시키는 역할을 하기 때문이다.

이제부터라도 '여자 셋이 모여 골동품 도자기를 구워요'라는 말을 만들어 보면 어떨까? 깨지기 쉬운 질 낮은 접시가 아닌, 영원히 간직할 수 있는 골동품 도자기를 굽는 일은 서로에게 아름다운 추억을 선사하여 친밀한 관계를 유지하도록 도와줄 것이다.

불필요한 것을 사면 필요한 것을 팔게 된다.

– 벤저민 프랭클린

"역시 명품은 가치가 있다니까."

"명품 한두 개 정도는 가지고 있어야 품위 유지를 할 수 있지."

명품 마니아인 명푼이 대리는 매달 월급날이면 명품 가방의 카드값으로 통장 잔고가 금세 바닥을 드러내는 데도 명품이라면 사족을 못 쓴다. 신제품을 구입한 다음 날이면 "이번에 나온 신상이야. 가죽 냄새도 틀리지?" 하며 자랑을 늘어놓는 데 여념이 없다. 질투는커녕 한심하다는 생각이 들 정도로 말이다. 경제적으로 넉넉하지 못해서, 혹은 명품 자체에 관심이 없어서 명품을 갖지 못하는 동료들은 명푼이 대리와 상대하지 않는 편이 낫다고 하소연하기까지 한다.

같은 부서에 있는 한가름 씨도 얼마 전 명푼이 대리에게 큰 상처를 받았다. 큰 맘 먹고 6개월 할부로 구입한 신상 명품 가방을 들고 뿌듯한 마음으로 출근했는데, "어머, 한가름 씨. 그 가방 신상이네. 근데 A급 짝퉁이구나" 하며 초를 치는 것이 아닌가. 기분이 나빠진 한가름 씨가 "대리님, 이거 진품이에요. 어제 백화점에서 산 건데요"라고 대답하자, "어머, 진짜? 어디 봐. 왜 짝퉁처럼 보이지?" 하며 염장을 지르는 통에 한가름 씨는 분통이 터졌다. "이거 짝퉁이지?" 라는 말이 마치 명푼이 대리 본인만 명품을 들어야 한다는 것으로 들렸기 때문이다.

다음 날 복수심에 불타오른 한가름 씨는 명푼이 대리의 명품 가방을 보며 똑같이 "이거 A급 짝퉁 아니에요?"라고 물었다. '너도 똑같이 당해 봐라' 하며 통쾌한 기쁨을 누리는 것도 잠시, 명푼이 대리의 명품 구별법에 대한 강의가 시작되었다. "여기 가방 안을 자세히 들여다보면 명품과 짝퉁의 차이를 알 수 있어"라며 오히려 한가름 씨를 진품과 가품을 구별하지 못하는 문외한으로 만들어 버렸다.

빛 좋은 개살구

교육생들에게 왜 명품을 좋아하는지 물으면 "명품은 품위를 높여 주잖아요", "명품의 가치는 시간이 지날수록 빛을 발하니까요" 등의 대답이 쏟아진다. 하지만, 그중에서도 가장 많이 나온 대답은 "명품을 들어야 감각이 있어 보이니까요"라는 것이다. 신상품으로 나온 명품을 착용하면 패션 감각이 뛰어난 여자처럼 보일 수 있다는 뜻이다. 그러다 보니 짝퉁이라도 구입하여 패션 감각을 뽐내고 싶다고들 말한다.

"왜 짝퉁을 사?"라며 무안을 주는 명푼이 대리에게 "짝퉁을 들어도 진품처럼 보이는 게 품위가 있는 게 아닌가요?" 하고 정색해 봤자, 명푼이 대리는 눈 하나 깜짝 안 할 것이다. 오히려 "어머, 진품으로 보인다고 생각해?"라며 투덜댈 게 뻔하다. 명품이라면 환장하는 명푼이 대리의 스타일을 미루어 짐작해 보면 말이다.

실속도 없는 일에 신경전을 벌이며 괜히 감정을 상하지 말자. 차라리 "오빠가 홍콩 출장 다녀오면서 선물로 사 왔어요", "아는 사람 덕분에 저렴하게 장만했어요.", "명 대리님처럼 진품을 많이 소장하고 싶은데, 제 월급에는 무리니까요" 하며 명푼이 대리 입에서 신경전을 예고하는 말이 나오지 않도록 차단시키는 게 현명하다. 명푼이 대리가 얄밉지만, 자신의 기분이 상하지 않게 하기 위해서는 이 방법이 가장 효과적이다.

다른 사람도 내 식대로 세상을 대한다고 착각하지 말라. 그러면 당신의 인

간관계가 한층 풍요롭게 될 것이다.

– 리처드 칼슨

"날 안 좋아하는 남자가 없다니까."

"아는 후배한테 소개팅을 해 주었는데, 주선자인 내가 더 낫다고 난리야."

남연미 주임은 남자들이 자신을 좋아해서 피곤하다는 푸념을 늘어놓기 일쑤다. '자기 착각 속에 사는 여자'라고 여기는 것도 한두 번이지, 계속되는 자랑에 주변 동료들은 남연미 주임과 눈을 마주치지 않는 게 상책이라고 하소연한다. 부하 직원의 남자 친구가 자신에게 관심을 보였다고 얘기한 적도 있으니, 당연한 반응이다.

강무심 씨의 남자 친구와 함께 저녁 식사를 하게 된 남연미 주임은 강무심 씨의 심기를 불편하게 만들었다. "하하, 호호" 하며 강무심 씨의 남자 친구에게 애교를 부렸던 것이다. 남자 친구는 상사인 남연미 주임의 기분을 맞춰 주고자, "주임님은 애교가 많으시네요. 우리 무심이는 애교가 별로 없는 편인데……"라며 예의상 립 서비스를 날렸다. 그 말에 기분이 좋아진 남 주임은 "무심 씨처럼 무뚝뚝한 애인을 두어 재미는 없겠어요"라며 눈치 없게 대답해, 강무심 씨의 속을 긁어 놓았다.

결국 강무심 씨는 남자 친구와 크게 싸우고 한 달이 넘게 냉전

상태를 보내야 했다. 남자 친구는 무심 씨를 생각해 잘해 준 것 뿐인데 남연미 주임은 마치 자신을 좋아한다는 듯 대꾸하니, 무심 씨의 기분은 어떨까. 완전히 뒤집어졌을 것이다.

공주병엔 약도 없다

자신을 보면 어떤 남자든 안 좋아 할 수 없다는 듯 말하는 남연미 주임 같은 여자에게는 남자 친구나 남편을 보여 주지 않는 것이 최선이다. 망상을 심하게 한다면 남자들이 자신에게 관심을 보인다고 말할 게 뻔하다.

"설마 그 남자가 좋아할까요?", "혼자만의 착각이 아니고요?"라는 반박은 "날 질투하나 봐?" 하는 결론으로 도달한다는 점을 알아야 한다. 자신을 시기한다고 오해하여 본격적으로 신경전을 벌이려고 들 것이다. 차라리 "어머, 좋으시겠어요", "남자들에게 인기 있는 비결이 뭐예요?"라는 립 서비스로 그러려니

넘어가는 편이 서로를 위해서 좋다. 인내심의 한계를 느껴 힘

겨워도 상사로서 같이 일해야 한다면 어쩔 수 없는 것이다. 공주

병을 스스로 치료하지 않는다면 말이다.

많은 일을 하는 것은 쉽지만, 한 가지 일을 영속하는 것은 어렵다.

— B. 존슨

"어제 소개팅 어땠어?"

"주말에는 뭐 했는데?"

남의 사생활에 귀를 쫑긋 세우며, 고민 상담원이 되는 것을 자처하는 여자들이 있다. "저, 상담할 게 있는데요"라는 말이 끝나기가 무섭게 "그래? 그럼 커피 한 잔 마시면서 얘기하자"라며 하던 일을 멈추고 바로 자리에서 일어난다. 마치 상담하는 시간을 기다렸다는 듯 말이다. 그러고는 "남자들이 그런 면이 없지 않아 있지. 그러니까 그런 경우에는……. 해 보고 안 되면 다시 이야기하자고", "시월드란 곳이 다 그래. 이해하기 힘든 부분이 많지. 시어머니가 그렇게 말씀하실 때는……" 하며 자신의 경험담이나, 주변에서 들은 경험담을 접목시켜 열변을 토하기 시작한다.

심지어 고민거리를 자신에게 털어놓지 않으면 "무슨 일 있지? 말해 봐. 가슴에 담아 두기만 하면 괜히 속만 더 상해", "참 답답한 성격이야. 털어놓으면 해결책을 찾는 데 훨씬 수월할 텐데" 하며 궁금증을 노골적으로 드러내기도 한다. 자신에게 속마음을 드러내지 못할 이유가 있냐며 서운하다는 식으로 삐죽거리니, 할 수 없이 말하는 경우도 생긴다.

알아도 모르는 척해 줄 것

자신에게 사생활을 털어놓아야만 직성이 풀리는 성격의 소유자라면, '나한테만 말하지 않는군' 하며 토라져 버릴 가능성이 높다. 그러다 보면 자신만 모르는 비밀을 캐기 위해 "최보람 씨 이별했다며? 남자 집에서 완강히 반대했다던데?" 하면서 이곳저곳에 묻는 바람에 피해를 주는 일도 발생한다. 당사자는 알리고 싶지 않은 얘기를 전달하는 셈이 되고 마는 것이다.

사생활을 털어놓지 않는다면 굳이 알려고 애쓰지 말자. 상대방은 어째서 자신의 사생활을 알고 싶어 하는지 의문을 품으며, 경계의 끈을 단단히 조이려고 할 것이다. 또한, 아픔을 털어놓고 위로를 받고 싶어 했다면 그냥 듣고 덮어 버리는 편이 좋다. 볼 때마다 "그래서 어떻게 되었어?"라는 말로 기억을 되살려 주거나, 누군가 들을까 노심초사하게 만든다면 더는 가까이하려 들지 않을 것이다.

아주 친한 사이가 아니라면 남의 사적인 일에 관심을 두는 행동은 '수상한 여자'라는 이미지를 심어 줄 수 있음을 명심해야 한다. 팔 걷어붙이고 남의 일을 캐내려고 안간힘을 쏟는 모습은 아름답기보다 흉할 뿐이다. 수사 반장이 되어 주변 여자들의 개인사에 관심을 기울일 시간에 차라리 자기 계발에 힘쓰자. 그 편이 훨씬 건설적이다.

내 직장의
그녀를
탐색하다

물이 너무 맑으면 물고기가 없고, 사람이 너무 살피면 친구가 없다.

– 명심보감

싱글라이프를 즐기는 채골드 대리는 자신은 결혼을 못 한 게

아니고 안 한 것이라고 강력히 주장한다. 직장에서 능력을 인정

받아 어느 정도 커리어를 쌓은 후에 결혼을 위한 결혼이 아닌, 사

랑하는 사람을 만나 결혼한다는 게 채골드 대리의 인생관이다.

반면 채골드 대리와 입사 동기인 양신나 대리는 입사 후 2년 만에 결혼에 골인한 것은 물론, 아이까지 낳은 남부러울 것 없는 품절녀다. "결혼을 잘하는 것도 능력이고, 아이를 낳아야 진정한 어른이 되는 것"이라며 채골드 대리의 삶을 깎아내리는 듯한 말을 자주 한다. 차마 대놓고 말하지는 않지만, 들으라는 듯 "결혼을 못 해서 히스테리를 부리는 거야", "사람은 결혼하고 아이를 낳아 봐야 인생의 참된 의미를 깨달을 수 있다니까" 하며 신경을 긁는다.

자존심 강한 채골드 대리 역시 지지 않으려고 "집안일을 신경 쓰느라 업무에 전념이나 할 수 있겠어? 그러니 늘 실수를 달고 다니지", "아이 때문에 야근도 마음대로 못 하잖아"라며 염장을 지른다. 그럴 때마다 주변 동료들은 가시방석에 앉은 듯 불안하다. 한쪽 편에 기대어 맞장구를 쳤다가는 자신들만 피곤해질 수 있기 때문이다.

고민 없는 인생이 어디 있으랴

양신나 대리가 성공한 여자처럼 보여도 실상은 집과 직장에 치여 버거울 수 있다. '결혼한 이상 내가 하고 싶은 것들은 접어야 한다', '쉬고 싶다. 그렇지만 맞벌이를 해야만 경제적으로 어려움을 겪지 않으니 별 수 없다', '남편은 집안일에 나 몰라라 하니, 이러다 곧 폭발할 것 같다' 등의 생각으로 마음고생을 겪고 있을지도 모를 일이다.

채골드 대리도 마찬가지다. 잘나가는 커리어 우먼처럼 보이지만, '나도 오순도순 가정을 꾸리고 싶다', '남편이 벌어다 주는 돈으로 편히 살면 좋을 텐데', '더 나이 들기 전에 아이를 낳아야 하는데' 등의 고민거리로 가슴앓이를 하고 있을지도 모른다. "난 일과 결혼했어요. 전업주부로 사는 것은 제 체질에 맞지 않거든요"라며 당당한 척 싱글라이프를 즐기는 것 같아도 마음 깊숙이 상처가 자리 잡고 있을 가능성도 무시 못 한다.

따라서 서로 간에 불필요한 신경전을 벌일 게 아니라, 부족한 점을 보듬어 주려는 노력을 하는 편이 낫지 않을까? 채골드 대리가 양신나 대리에게 "넌 모든 것을 가져서 좋겠다. 가정과 일, 두 마리 토끼를 잡느라 힘들겠지만, 아이들을 보면 보람을 느끼지 않니?", "그래도 넌 슈퍼우먼이다. 부지런하고 열정이 있으니, 그렇게 열심히 살 수 있는 거지. 난 그럴 자신이 없네" 하며 부러움을 표현해 보는 것이다. 양신나 대리 또한 "무슨 말을. 난 네가 부러운데. 자유롭게 싱글라이프를 즐기는 네가 너무 좋아 보여. 난 집에 가면 파김치야"라고 이야기해 보면 어떨까? 그럼 서로 다른 상황에 처해 있는 가운데서도 의지하며 끈끈한 정을 쌓아 올릴 수 있다.

골드미스들은 결혼보다 일하는 게 훨씬 쉽다고 하고, 결혼한 여자들은 일보다 결혼이 더 쉬웠다고 한다. 어쩌면 자신에게 운명처럼 먼저 다가온 일은 쉽게 느껴지는 것이 아닐까? 자신이 처한 현실이 문제가 아니고 현실을 어떻게 받아들이느냐에 따라 상황은 달라질 수 있다. '결혼 안 한 멋있는 여자', '결혼

해서 아이까지 낳아 모든 것을 갖춘 여자'라는 생각은 혼자만 하

고 있는지도 모른다.

먼 사촌보다 가까운 이웃이 낫다.

– 우리나라 속담

"여자들의 권위를 향상시키려면 남자들의 말을 순순히 따르면 안 돼!"

"여자들이 더 이상 피해를 보는 일이 없도록 우리가 문화를 바꾸자고!”

여자들의 ‘왕초’를 자청하는 이관순 대리가 있다. 신입 여직원들에겐 언니, 엄마 같은 든든한 존재이다. 어디선가 누군가에 무슨 일이 생기면 틀림없이 나타난다는 홍반장이란 영화 제목처럼 무슨 일이 생기면 ‘짠’ 하고 나타나 여직원들의 마음을 대변해 준다. 여간 고맙고 든든한 동료가 아닐 수 없다.

“이 대리님. 어제 남자들끼리 모여서 무언가 작당하는 거 같았어요”, “이 대리님이 먼저 가신 뒤에 박 과장님이 차미소 씨에게 술 한 잔을 따르라고 한 거 있죠”라며 미주알고주알 일러바치면, “뭐?”, “알았어. 어쩐지 기분이 찜찜하다 했어” 하며 바로 박 과장 앞으로 달려간다. 그러고는 “박 과장님. 남자들끼리 꾸미시는 게 뭐죠? 여자들만 왕따시킬 일이 뭐가 있을까요?”, “요즘 회식 자리에서 여직원들한테 술 따르게 하면 성희롱인 거 모르시나요?”라며 조목조목 따진다.

강하게 밀어붙이는 이관순 대리의 스타일을 잘 아는 박 과장은 "남자들이 뭘 작당한다는 거야? 여자들처럼 남자들도 단합하자고 한 것뿐인데", "술을 누가 따르라고 해. 이 대리가 알게 되면 또 한소리 들을 게 뻔한데, 간이 배 밖으로 나오지 않는 이상 그런 짓을 어떻게 하나? 차미소 씨한테 앞에 있는 술병을 달라고 했더니, 술 한 잔을 따라 준 것 뿐이야" 하며 변명을 늘어놓는다. 마침 그 모습을 본 황 부장이 "대체 무슨 일인데 아침부터 소란스러운가? 동료들끼리 술 한 잔 따라 줄 수도 있는 거지. 그리고 똘똘 뭉치기 시작한 건 여자들 아닌가?" 하면서 불같이 화를 내면 상황은 이상한 방향으로 흘러간다.

이관순 대리가 "부장님, 그게 아니라요. 처음부터 여자들이 뭉친 건 아니고요. 여직원들이 불합리한 점들이 많다고 이야기해서요. 여자들이 좀 더 편한 분위기에서 일할 수 있도록 제가 나선 것뿐이고요. 어제도 양미라 씨가 박 과장님이 차미소 씨에게 술을 따르라고 했다고 흥분해서 애기하는 바람에 여쭤 본 겁니다. 차미소 씨가 많이 당황했나 봐요" 하며 자초지종을 설명하면, 사태 수습을 위해 황 부장은 양미라 씨, 차미소 씨를 불러 진상 규명을 시작한다. 두 사람은 당연히 이관순 대리가 앞장서 정리해 줄 거라는 생각에 "부장님. 어제 이 대리님이 먼저 들어가셨는데요. 아침에 나와 무슨 일 없었느냐, 술자리에서 어땠느냐며 물어보시기에 있었던 사실을 전달해 드린 것뿐이에요"라며 한 발 뒤로 물러선다.

이렇게 진행되면 이어질 이 대리의 언행은 빤하다. 여자들이 이러니 남자들에게 무시를 당하고 산다며 배신감에 치를 떠는 것이다. 그럼 목소리 크고 앞장서기 좋아하는 이관순 대리를 건드려 보았자 좋을 게 없다고 느낀 남자 직원들이 "이 대리님이 언니 같은 마음으로 여직원들을 감싸 주려다 일이 이렇게 된 거 같아요. 그만 기분 풀고 즐겁게 일하죠. 퇴근 후 제가 이 대리님 좋아하는 치맥 쏠게요. 퇴근 후에 속 시원히 풀어요"라고 수습한다. 결국 이관순 대리는 여자 편에 서야 하는지, 남자 편에 서야 하는지 갈피를 잡지 못한 채 상황은 일단락된다.

믿는 도끼에 발등 찍힌다

자신이 목표한 바를 취하고자 여자들의 대변인, 왕초 역할을 하는 경우를 심심찮게 볼 수 있다. 요즘은 여자들도 자신의 야망을 위해 팔을 높이 드는 시대가 아닌가. 하지만, 자신의 일도 아닌데 모든 것을 걸고 앞장서서 몸을 불사를 여자는 없다. 트러블 메이커로 찍히면 불이익을 받을 수도 있기 때문이다.

여자들이 불합리한 일을 겪으면 팔을 걷어붙이고 나서서 기어코 사과를 받아 내는 여전사가 주변에 한두 명은 있을 것이다. 그런 여전사에게 안 좋은 점을 미주알고주알 일러바치는 행동은 가급적이면 자제해야 한다. 남자들에게 왕따를 당할 수도 있음을 물론, 조직 생활에 많은 적을 두는 것밖에는 되지 않을 테니 말이다. 별일 아닌 일을 크게 만드는 여자를 반길 사람은 아무도 없다.

벗을 사귐에는 과하여 넘치지 말지니 넘치면 아첨하는 자가 생기리라.

– 채근담

신입 직원이 들어오면 가장 먼저 "무슨 띠야?", "학번이 어떻게 돼?"라며 나이부터 묻는 조애정 대리가 있다. "내 동생이랑 동갑이네?", "난 나랑 비슷한 줄 알았는데, 한참 어리구나" 하며 동

205

생 다루듯 반말부터 한다. 친해지려고 스스럼없이 말을 놓는다지만, 조 대리의 모습에 부하 직원들은 기분이 영 나쁘다. '날 우습게 보나?', '예의가 없네'라는 생각이 들어 심기가 불편해진다.

조애정 대리는 부하 직원의 기분은 전혀 개의치 않는다. "영미야, 커피 한 잔 맛있게 타 봐", "영미야, 나랑 같이 은행에 갔다 올래?", "난 여동생 있는 친구들 보면 부러웠었는데, 지금은 여동생이 생겨서 너무 좋다" 하며 눈치 없는 언행을 해 짜증을 불러일으킨다. 결국 참다못한 나외동 씨가 "대리님. 그래도 직장에서는 공적으로 대해야 하지 않을까요?"라고 시정을 요구하면, "어머, 괜찮아. 우리 직장은 가족적인 분위기야", "네가 너무 예뻐서 그렇지" 하며 대수롭지 않다는 듯 행동한다. 그러다 보니 부하 직원들은 조애정 대리가 자신을 부르면 건성으로 짤막하게 단답형의 대답만 건넨다. 줄기차게 친한 척하며 동생 다루듯 하는 조대리가 부담스러운 것이다.

조애정 대리와 달리 김편애 대리는 신입 직원이 들어와 인사를 건네면 건성으로 고개만 까딱하며, 사적인 대화를 나누려고 하지 않는다. 편한 분위기에서 일하며 귀여움을 받고 싶은 신입 직원이 "대리님은 뭐 좋아하세요? 대리님이 좋아하는 음식으로 점심 메뉴 정하려고요"라고 물으면 "전 아무거나 잘 먹으니, 내키는 대로 해요" 하고 차갑게 대꾸한다. 또 친해지려고 옆에 다가가 팔짱을 끼면 "난 누가 옆에 붙으면 불편해요"라며 정색하니, 신입 직원에게 김편애 대리는 가까이하기엔 너무 먼 존재이다. 몇 번 친해지려고 시도하다 안 되면 주눅이 들어 말을 건네는 것조차 꺼리게 된다.

공과 사의 적절한 조화가 필요하다

부하 직원에게 편하게 말을 놓고 동생같이 대하는 것은 편한 분위기에서 일하라는 상사로서의 배려이며, 앞으로도 각별한 사이를 유지하자는 무언의 다짐일 수 있다. 하지만, 상사에게 반말을 듣는 게 불편한 부하 직원 입장에서는 친근감보다는 반발이 앞서 서먹한 관계로 전락할 수 있다. 별로 친해지고 싶지 않은 상사라면 더더욱 말이다.

또한, 부하 직원을 편하게 대하면 일하는 데 지장을 받는다고 생각해 사적인 대화는 일절 나누려고 하지 않는다면 일의 능률이 떨어지는 부작용이 발생한다. 숨 막히는 긴장감 속에서 업무에 집중하기란 여간 힘든 게 아니다. 부하 직원 입장에서는 상사가 자신을 좋아하지 않아 거리감을 둔다고 오해할 수도 있다.

공적인 호칭과 더불어 사적인 대화를 나누어 주는 게 가장 좋은 방법이다. 상사에 대한 존경과 애정을 갖게 할 수 있음을 물론, 분위기도 한결 밝아지게 될 것이다. 퇴근 후 언니 동생 사이로 지내게 되더라도 직장에 들어오면 사회적인 대우를 해 주는 것이 서운함과 오해를 만들어 내지 않는 길이다.

약육강식의 세계, 직장 정글에서 살아남기

행복은 우리 자신에게 달려 있다.

— 아리스토텔레스

방변죽 과장은 약한 여자 앞에서는 강하게 밀어붙이면서 강한 여자 앞에서는 더없이 살갑게 대한다. 부하 직원이라도 강해 보인다 싶으면 "강한힘 씨는 언제 봐도 열정이 흘러넘쳐", "강한힘 씨가 실수를 했을 리가 없지. 얼마나 똑 부러지는데”라며 아부성 발언을 서슴없이 날린다. 무슨 약점이 잡혀 그런지는 모르겠지만, 비위를 맞추려 애쓰는 모습에 주변 사람들은 눈살이 저절로 찌푸려진다. 그도 그럴 것이 “네” 하며 순종적으로 구는 오차분 대리에게는 “늘 아픈 사람처럼 맥아리가 없어! 오 대리만 보면 아침부터 기분이 가라앉는다니까” 하며 기를 죽이기 일쑤다. 오 대리가 잘못한 것도 없는 데 말이다.

“왜 이렇게 했어?”라고 오차분 대리에게 따지는데 “그건 제가 한 게 아니고 강한힘 씨가 한 것인데요” 하는 말이 들리면, 바로 얼굴 표정을 바꾸고 “그래? 그럴 리가 없을 텐데……. 강한힘 씨가 이렇게 했다고?”라며 의심의 눈초리를 보낸다. 그러고는 “강한힘 씨가 무슨 의도가 있어서 이렇게 했겠지! 안 그래?” 하며 별일 아니라는 듯 상황을 무마시킨다.

방변죽 과장의 이중적인 태도에 부하 직원들은 치를 떤다. 자신보다 만만한 상대에게만 거침없이 하이킥을 날리니, 도저히 좋게

봐줄 수가 없다. 일을 못해 군기를 잡는다면 그러려니 이해하겠

지만, 대놓고 편애하는 모습은 누가 봐도 불합리하다.

어제의 패자가 오늘의 승자로

강하다고 생각되는 사람에게 된통 당한 경험으로 자신도 모르

게 이중인격자의 모습을 보이는 것일 수도 있다. 그러나 강자에

게 손금이 없어질 정도로 아부하고, 약자에겐 마구 화풀이하는

모습은 자신에게 부정적인 영향을 미칠 뿐이다. 만에 하나 약하

다고 생각되어 짓밟듯 대한 여자가 강자로 변신해 버린다면 어

찌하겠는가? 당한 것이 억울하고 서러워 배로 갚아 주려고 한다

면 운신의 폭이 어려워지는 것은 불을 보듯 뻔한 일이다.

방변죽 과장 같은 여자에겐 강한 파워를 보여 주는 것만이 고

달픔에서 벗어나는 길이다. 돌직구로 맞장을 뜨라는 말이 아니

다. 방변죽 과장이 사족을 못 쓰는 강한힘 씨와 친해지면 예전처

럼 함부로 대할 수 없을 것이다. 강한힘 씨와 불편한 관계가 될 수도 있기 때문이다. 만약 강한힘 씨가 자신의 편이 될 수 없다면 나약하다는 인상은 심어 주지 말아야 한다. 소극적인 모습은 절대 보이지 말고, 단호하고 강단 있는 말투로 또박또박 의견을 전달해야 방변죽 과장이 만만하게 보지 않을 것이다.

지렁이도 밟으면 꿈틀한다. 약하다고 생각한 사람이 폭발하면 훨씬 무서운 법이다. 자신의 기준으로 상대를 판단하여 감정적으로 대하지 않도록 하자. 부메랑처럼 돌아와 몇 배로 대갚음할 수도 있다.

적을 만들지 않는 여자가
되기 위한 10계명

<u>하나.</u> 역지사지의 마음을 가져라

'저 여자는 왜 저럴까?', '도저히 이해가 안 돼'라며 자신의 입장에서만 비추어 상대방을 판단하는 태도는 금물이다. 상대방도 똑같은 생각을 하며 당신을 대하고 있을지도 모를 일이다. 자기 기준에서 모든 일을 바라보기 시작하면 객관적인 시각을 유지하기 어렵다.

<u>둘.</u> 공과 사를 구별하라

개인감정을 드러내는 말과 행동은 자제한다. 평소 안 좋은 감정을 가지고 있는 사람 앞에서는 더욱더 언행에 신경을 쓴다. 싫은 소리로 상대방의 기분을 언짢게 할 확률이 높기 때문이다. 개인감정을 표출하는 것은 소통의 단절을 가져올 수 있음을 알아야 한다. 인간관계에서는 포커페이스 역시 중요하다.

<u>셋.</u> 다양한 사람들과 친분을 쌓아라

남자들이 술자리를 통해 사람들과 친분을 쌓으려는 이유는 사회생활은 혼자서 하는 것이 아닌, 더불어 해야 하기 때문이다. 혹시라도 여자들과 친분을 쌓는 것은 시간 낭비라고 생각하고 있다면 당장 바꿔야 한다. 거리를 두면 시시각각 변하는 정보에 귀를 닫고 사는 격이 될 뿐만 아니라, 고립된 사회생활을 하게 될 수도 있다.

넷. 사소한 말 한마디에도 귀를 기울여라

여자들에겐 배울 것도, 도움받을 것도 없다는 생각은 버려야 한다. 여자들만이 가지고 있는 고충과 노하우에 귀를 기울이면 사회에서 인정받는 커리어 우먼이 되는 데 보다 수월할 것이다. 간접 경험을 통해 실수를 줄이는 방법을 터득하면 똑똑하게 사회생활을 할 수 있다.

다섯. 여자들과 동화되도록 노력하라

남자들과는 잘 어울리면서 같은 여자들과는 교류하고 싶지 않다는 듯 행동하면 왕따를 자청하는 것이나 다름없다. 여자들에게 도움을 받아야 하는 일이 생길 때 자신이 만들어 버린 틀로 불이익을 받을 수도 있다. 여자들은 가슴에 담아 두고 있다가 적이라는 낙인을 찍어 버리는 경우가 많다는 사실, 잊지 말자.

여섯. 사사건건 참견하려고 들지 마라

사소한 일 하나까지 알려고 드는 모습에 당사자는 기분이 상할 수도 있다. 특히 말하고 싶지 않은 사생활을 캐려는 듯한 인상은 괜한 오해를 불러일으켜 말다툼으로 이어질 수 있음을 기억해야 한다. 사생활을 침해하는 것 같은 언행을 하지 않도록 주의하자.

일곱. 가르치려고 하지 마라

"업무는 이런 식으로", "패션 스타일은 이렇게" 등 좋은 뜻에서 한 말일지라도 당사자는 기분 나쁘게 받아들일 수 있다. 더욱이 자신의 방식이 옳다고 자신하고 있는 상황에서 지적당하면 "너나 잘하세요"라고 되받아칠 가능성이 높다. 되지도 않는 가르침은 시건방지다는 인상과 더불어 자신을 우습게 본다는 오해의 감정을 부추길 수 있음을 명심해야 한다.

여덟. 자신과 다르다고 해서 비난하지 마라

"그건 그렇게 하는 게 아니야", "어머, 예쁘긴 한데 감각이 뒤떨어져 보인다"라는 식으로 비난하는 말투

는 삼간다. 특히 외모에 대해서는 더더욱 말을 아낀다. 여자들은 자신의 스타일을 쉽게 변화시키지 못

할뿐더러 별 뜻 없이 한 말에 큰 상처를 받을 수도 있다.

아홉. 편을 가르는 선봉자가 되지 마라

편 가르기를 하듯 자신의 마음에 드는 사람을 곁에 두기 위해 고군분투하지 말아야 한다. 자신이 만들

어 놓은 편이 와해된다면, 혼자서 적들과 싸워야 하는 상황을 맞이할지도 모른다. 자신이 세운 기준이

왕따가 되는 지름길일 수도 있다.

열. 험담하는 것을 삼가라

좋은 이야기보다 나쁜 이야기에 귀가 커지는 것은 사실이다. 하지만, 다른 사람을 나쁘게 말해 봤자 돌

아오는 것은 피곤한 싸움뿐이라는 점을 명심해야 한다. 사람 일은 아무도 모르는 법이다. 험담의 주인

공은 얼마든지 바뀔 수 있다.

내 직장의 그녀를 탐색하다

적을 만들지 않는 여자들의 탐나는 조직 활용법

초판 1쇄 인쇄 2013년 9월 17일
초판 1쇄 발행 2013년 9월 24일

지은이 정혜전

펴낸이 박세현
펴낸곳 팬덤북스

기획위원 김정대·김종선·김옥림
영업 전창열
편집 김종훈·임소연·김혜진
디자인 강진영

주소 (우)121-250 서울시 마포구 성산동 275-60번지 교홍빌딩 305호
전화 070-8821-4312 | **팩스** 02-6008-4318
이메일 fandombooks@naver.com
블로그 http://blog.naver.com/fandombooks

등록번호 제25100-2010-154호

ISBN 978-89-94792-70-5 13320